오양환 ǀ (유)코아시스템 CEO

경남 창녕 출신으로, 1988년 컴퓨터 소프트웨어공학을 전공한 뒤 일본에서 5년간 소프트웨어 기술과 서비스를 연구·개발했다. 1998년 (유)코아시스템을 창립하여 '고객과 함께 30년'이라는 신념으로 경영에 매진하고 있으며, (사)경남ICT협회 회장과 창원상공회의소 의원 등을 역임하며 경남 소프트웨어 산업 발전에 기여하고 있다.

제순효 ǀ 창원시립가포어린이집 원장

고성 시골마을에서 일곱째 딸로 태어나 30여 년간 유아교육계에서 활동하며 창원시국공립어린이집연합회 회장, 경남국공립어린이집연합회 이사를 역임했다. 상담심리학을 공부하면서 청소년 상담 및 부모교육 전문강사로도 활동, 현재 마산동백로타리클럽 회장으로 지역사회 봉사에 헌신하고 있다.

강승영 ǀ 양산 물금고 야구부 감독

마산 출신으로 경남대에서 선수생활을 마친 후 30여 년째 지도자의 길을 걷고 있다. 2015년 물금고 야구부 창단과 함께 초대 감독으로 부임, 2023년 청룡기 전국고교야구 선수권대회 준우승으로 '언더독의 반란'을 연출해 화제가 됐다. 김영웅(삼성), 손주환(NC), 남해담(롯데), 이재환(한화) 4명의 프로선수를 배출하며 '사람을 남기는 팀'을 만들어가고 있다.

리더를 키운

어머니

세상을 키우다

강원석   김영미   정창훈   오양환   제순효   강승영

리더를 키운
어머니
세상을 키우다

문다영

나무와 바다

이 세상 모든 어머니들께

발간사

부모는 아이를 키우고
아이는 세상을 키웁니다

'리더는 태어나는 것이 아니라 길러지는 것이다.'

  이 책은 바로 그 명제를 증명합니다. 지난해 여성 리더들의 성공 이야기를 담은 《She's the Leader》를 펴내며, 저는 그들의 열정과 도전에 경이로움을 느꼈습니다. 그러나 그 모든 성공의 이면에는 묵묵히 믿어주고 응원해 준 어머니의 존재가 있음을 발견했습니다. 이 책은 바로 그 깨달음에서 비롯되었습니다.

  이 책은 다양한 분야에서 성공한 여섯 리더들과 그들의 어머니 이야기를 담고 있습니다. 시를 통해 삶의 깊이를 전하는 시인, 여론을 선도하는 신문사 대표, 청소년의 꿈을 키워주는 야구감독, 아이들의 첫 성장을 품는 어린이집 원장, 삶의 공간을 새롭게 빚는 인테리어 대표, 그리고 제조업의 디지털전환을 선도해온 소프트웨어 대표까지. 그들의 뒤에는 언제나 어머니의 사랑과 믿음이 있었습니다. 그 사랑을 동력삼아 지금의 업적을 이뤄낼 수 있었습니다.

  우리는 흔히 '인재'가 교육제도에서만 길러진다고 생각하지만, 사실 그 시작은 언제나 부모의 품이었습니다. 리더의 용기 뒤에는 어머니의 눈물이 있었고, 리더의 도전 뒤에는 부모의 믿음이 있었습니다. 이 책은 바로 그 눈물과 믿음의 기록입니다.

이 책을 오늘도 고군분투하는 청년 세대에게 바칩니다. 경기침체와 취업난 속에서 실패와 좌절을 겪는 청년들에게, 리더들의 지난한 도전 이야기는 희망과 용기를 안겨줄 것입니다. 동시에 부모 세대에게도 이 책을 바칩니다. 부모의 믿음과 사랑이 한 아이의 성장에 큰 힘이 되고, 결국 세상을 바꾸는 원천이 될 수 있음을 다시금 알게 될 것입니다.

안타깝게도 출간을 준비하는 사이, 강원석 시인의 아버님과 제순효 원장의 어머님이 별세하셨습니다. 삼가 고인의 명복을 빌며, 이 책이 두 분의 삶과 헌신을 기억하는 또 하나의 매개가 되어주길 기대합니다.

이 책을 기획하며 수없이 벅찬 설렘을 느꼈습니다. 성공을 향한 리더들의 집념과 성실은 제 삶을 되돌아보는 계기가 되었습니다. 그들의 뜨겁고 진솔한 에너지가 독자 여러분의 마음에도 고스란히 전해지길 바랍니다.

부모는 아이를 키우고, 그렇게 자라난 아이는 세상을 키웁니다. 이 책이 세대와 세대를 잇는 다리로서, 우리 모두에게 영감과 희망의 원천이 되어주길 바랍니다. 감사합니다.

따숨봉사회 회장 윤금서

추천사

'니는 잘 할 기다!' 어머니의 이 한마디는 모든 자녀들이 듣고 싶어하는, 세상을 바꿀 수 있는 힘을 얻게 하는 신뢰의 표현입니다. 이 책은 어머니의 사랑과 헌신 그리고 자녀에 대한 깊은 신뢰가 세상을 바꾸는 리더십의 시작임을 일깨워 줍니다. 이처럼 존경스럽고 경이로운 분들을 찾아 감동을 안겨주는 '따슴'의 통찰력과 따뜻한 시선에 깊은 감사와 경의를 표합니다.

이종화 (창원특례시의원)

《She's the Leader》의 저자로 참여했던 한 사람으로서, 이번 책을 읽으며 마음 깊은 울림과 감동을 받았습니다. 책을 읽으며 리더의 성취는 결코 혼자만의 결과가 아니라, 어머니의 한결같은 사랑과 지지에서 비롯됨을 다시금 깨달았습니다. 이 책은 어머니의 삶과 리더의 여정이 깊이 연결되어 있음을 보여주는 감동의 기록입니다.

정은지 (IBK기업은행 김해산단지점장)

《리더를 키운 어머니, 세상을 키우다》가 독자들로 하여금 어머니의 희생과 사랑을 마음 깊이 새기게 하고, 그 공감이 리더로 살아갈 힘과 동기가 되기를 바랍니다. 아울러 이 책이 한 개인의 성장을 넘어 사회 전반에 긍정적인 영향을 미치기를 진심으로 기원합니다. 어머니의 이야기를 통해 세상에 따뜻한 빛을 더해 주신 따슴의 발걸음에 깊은 감사와 응원을 드립니다.

장현희 (김해 제니스유치원 이사장)

돌아보니, 우리 어머니 또한 꿈 많던 소녀이자 꽃 같은 시절을 지닌 여인이셨습니다. 위대한 리더들 뒤에는 언제나 자신의 삶을 버텨내며 희생하고, 자녀를 믿어 인생의 나침반이 되어주신 어머니가 계셨음을 이 책은 보여줍니다. 문득 책을 읽고 어머니께 전화를 걸어 "엄마, 고마워요"라고 감사의 마음을 전해드렸습니다. 덕분에 마음을 표현할 용기를 얻었고 어머니와 가족의 따스함을 느낄 수 있었습니다.

김정숙 ((주)상원 그린콘 대표)

저 역시 한 아이의 어머니로서, 자녀가 리더로 성장해가는 과정을 지켜보며 그 뒤에 담긴 믿음과 인내를 잘 알고 있습니다. 이 책은 어머니의 사랑과 헌신이 어떻게 한 사람의 인생을 변화시키고, 더 나아가 세상을 변화시키는지를 보여주는 소중한 기록입니다. 많은 분이 이 책을 통해 용기와 희망을 얻으시길 바랍니다.

최말경 ((주)엄지교육 대표)

어머니의 삶은 언제나 묵묵한 헌신과 사랑으로 이어져 왔습니다. 그 사랑은 리더를 키워내고, 더 넓게는 사회와 공동체를 이끌어가는 힘이 되었습니다. 이 책은 그 소중한 이야기를 기록하고 전해주는 귀한 증언이자, 우리 모두에게 어머니의 마음이 무엇인지를 일깨워주는 길잡이가 될 것입니다.

안명선 ((주)해맑음 대표)

차례

발간사 ... 6
추천사 ... 8

시인 **강원석**
꽃을 닮은 어머니 ... 12

(주)미테리어 대표이사 **김영미**
엄마는 내 삶의 에너지 ... 56

경남매일 대표이사 **정창훈**
스페로 스페라 ... 104

(유)코아시스템 CEO **오양환**

"니 하고 싶은 대로 해라" ... 152

창원시립가포어린이집 원장 **제순효**

따뜻하게 사람을 품는 사람 ... 200

양산 물금고 야구부 감독 **강승영**

어머니가 던져 준 인생의 공 ... 248

따숨을 소개합니다 ... 294

경남 함안에서 태어나 마산에서 성장한 강원석 시인은 대통령실·국회·행정안전부 등에서 20여 년간 공직에 몸담은 뒤, 시를 통해 새로운 길을 열었다. 《너에게 해 주고 싶은 말》을 비롯해 8권의 시집을 발간하며 교보문고 시 부문 베스트셀러 1위를 다섯 차례 기록했고, 오디오북 《꽃잎을 적신 이슬을 모아》는 주요 플랫폼에서 인기도서 1위에 오르며 큰 사랑을 받았다.

그의 시는 노랫말이 되어 변진섭, 조성모, 추가열 등 많은 가수들의 노래로 울려 퍼졌고, 드라마 OST에도 삽입되었다. 지금까지 40여 곡의 작사를 했으며, 제주시·서귀포·부산에는 시비가 세워졌다. 또한 유튜브 채널 '강원석 시집 간다'와 BBS 라디오 고정 출연을 통해 독자와 꾸준히 소통하고 있다.

대한적십자사 홍보대사로서 '너에게 꽃이다'를 헌정했고, 연 200회에 달하는 강연을 이어가며 "행복을 미루지 마세요"라는 메시지를 전한다. 법학박사·행정학석사 학위를 지닌 그는, 어머니의 헌신을 시로 새기며 "가슴 뭉클한 삶을 살아라"라는 자신의 시처럼 오늘도 사람들의 마음을 위로하고 있다.

꽃을 닮은 어머니

시인
강원석

강원석의 어머니 황경연

1940년 경남 함안에서 태어나 자식 셋과 시부모를 돌보며 분주한 살림을 이어가던 어머니는, 힘겨운 일상 속에서도 긍정의 마인드를 잃지 않았다. 새벽마다 연탄불을 갈며 흥얼거리던 노랫소리는 어린 아들에게는 세상을 비추는 빛이자 위로였다. 고단한 삶을 웃음과 여유로 견뎌낸 그 모습은 지금도 자식의 마음속 가장 따뜻한 기억으로 남아 있다.

○

그리운 마산

아름다워라
그리워라
한 번도 잊은 적이 없어라

우리 아버지 어머니 계시는 곳
나이 든 내가 어린 나를 만나는 곳

우뚝 솟은 무학산의 푸르름이여
꿈결 같은 합포만의 흰 파도여
국화꽃 향기 따라 걷던 그날의 사랑이여

언젠가 돌아오리라
떠날 때 맺힌 눈물
그 약속 지키지 못해 지금 흐른다

나는 경남 함안에서 태어나, 마산에서 초중고를 다녔다. 약관의 나이에 고향을 떠나 35년을 서울서 살고 있다. 늘 고향을 그리워했고, 부모님을 그리워했다. 대통령비서실과 행정안전부, 국회 등에서 20년가량 공직생활을 했다. 올해로 시인의 삶을 산 지 10년째가 된다. 전국을 다니며 시를 통한 인문학 강연을 한다. 통틀어 1,000번은 한 것 같다. 그런 내가 늘 꿈꾸던 강연이 있었다. 고향에서 부모님 모시고, 고향 분들 앞에서 하는 강연이었다.

2024년 5월, 그 꿈이 이루어졌다. ㈜합포문화동인회 초청으로 마산에서 가슴 벅찬 강연회를 개최했다. 부모님과 친구들도 함께한 평생 잊지 못할 강연회였다. 그때, 내 마음속 그리움을 고스란히 녹여 '그리운 마산'이란 시를 지었다. 지금도 이 시는 많은 독자에게 과분한 사랑을 받고 있다. 고향을 생각하며 지은 시를 다시 읽으며, 어머니와 나의 이야기를 시작해 볼까 한다.

어머니는 매사에 긍정적이고, 낙천적이며, 위트가 넘치는 분이다. 다소 무뚝뚝한 아버지에 살가우신 어머니. 어쩌면 잘 어울리는 부부다. 나도 그런 어머니의 영향을 많이 받았다. 삶에 대해 긍정적이다. 이런 마음가짐은 매우 중요하다. 어쩌면 고통스러운 삶을 행복하게 살아갈 수 있게 하는 비결일 것이다.

2018년이 저물어갈 때, 농협중앙회에서 내게 시 한 편을 부탁했다.

농부인 부모님 밑에서 자랐으니, 농부의 마음을 어느 정도 알 것이기에, 그들의 마음을 위로하고 응원할 수 있는, 시를 써 달라는 것이었다. 그렇게 해서 탄생한 시가 '농부의 노래'다. 나는 아버지와 어머니께 헌정하는 마음으로 이 시를 썼다.

농부의 노래

어머니 노랫소리 밭두렁에 뿌리면
말라가던 콩밭에도 나비가 날고

논매던 아버지의 굵은 땀방울은
단비처럼 흘러서 벼 이삭을 적시니

어릴 적 할아버지 소 몰던 들녘에는
언제나 정겨운 노을이 물드네

둥근 달을 따다가 등불 대신 밝히고
오손도손 우리 가족 저녁밥을 먹으니

부모님 무병함이 더없는 큰 복이고
아이들 건강하니 크나큰 기쁨이라

내 딸아 내 아들아 너희는 고향에서
들꽃처럼 피어서 밤별처럼 빛나리라

　이 시의 배경은 경남 함안이다. 부모님의 고향이고, 우리 삼 형제가 태어난 곳이다. 농사를 지으시던 아버지와 어머니의 삶을 시에 담으려고 애썼다. 시를 완성하기까지 수백 번도 더 읽고 다듬은 것 같다. 정말 감사하게도 이 시는 노래로 만들어졌다. 그것도 시의 원문을 그대로 살려, 조사도 하나 바꾸지 않았다. 트로트 황제로 불리는 가수 태진아 씨가 이 시에 감동을 받아 노래로 만든 것이다.
　2019년 봄, 이 노래가 발표되자 아버지와 어머니는 무척 기뻐하셨다. 가사에 당신들의 삶이 묻어 있어서, 자식이 부모님의 마음을 헤아리는 것 같아서, 당신들의 이야기가 고스란히 유명 가수에 의해 대중가요가 되어서, 여러 가지 이유로 기쁨을 감추지 못하셨다. 놀랍게도 어머니는 아직도 이 노래를 토씨 하나 틀리지 않고 부르신다.

　함안에서 마산으로, 부모님의 결단

1975년, 내가 일곱 살 때 우리 가족은 함안에서 마산으로 이사했다. 그 결정이 얼마나 무거운 것이었는지, 나는 나이가 들어서야 가늠해 볼 수 있었다.

아버지는 함안군 가야읍 혈곡리에서 태어나 농사를 지으셨고, 어머니는 이웃 마을에 사시다가 열여덟 살에 선을 보고 시집을 오셨다. 그때 우리 집은 할아버지 할머니와 삼촌들 모두가 함께 사는 대가족이었다. 우리 형제가 태어나면서 가족은 더 커졌다.

그렇게 살다가 삼촌들이 결혼해 분가한 후, 아버지와 어머니는 큰 결단을 내리셨다. 공부 잘하는 큰아들과 자식들을 위해 도시 마산으로 이사를 하는 것이었다.

"도시에서 제대로 공부시켜야 가난을 대물림 안 하지."

아버지와 어머니의 공통된 목표는 오직 하나, 자식들은 가난하게 살지 않게 하는 것이었다. 그렇게 해서 대대로 농사만 짓던 분들이 도시로 나오게 됐다. 형과 나의 학교 문제로 어머니와 우리가 먼저 마산으로 왔다. 아버지는 함안에서 농사를 지으셨고, 어머니는 마산에서 쌀장사를 시작하셨다.

형편이 넉넉지 않아 가게를 차리지 못하고, 어머니는 아침 일찍 무거운 쌀을 머리에 이고 나가서 파셨다. 그 시절 새벽 별과 저녁별은 어머니의 길동무였다. 어린 동생은 할아버지가 보시고, 7살이던 나는 가끔 엄마 손을 잡고 따라다녔다. 지금도 생생한데, 그때 나를 많이 슬프게 했던 일이 하나가 있었다. 그것은 가난도 배고픔도 아니었다. 무거운 쌀을 이고 있는 어머니가 잡상인 취급을 받으며, 문전박대를 당하는 일이었다. 어머니가 너무 가여웠다. 어른이 되면 꼭 어머니를 호강시켜 드려야지 하는 생각, 나는 절대로 누군가를 매정하게 대하지 말아야지 하는 생각을 함께했다.

마중

  어둠이 고인 하늘에
  달빛이 흘러내린다

  하얀 구름 한 송이
  밤하늘을 꽃 피울 때

  찬바람 보듬고 걸어오는
  반가운 엄마의 모습

  "추운데 왜 나왔어?"
  "그냥"

당시 어머니는 자식 셋에 시아버지, 살림과 장사까지, 눈코 뜰 새 없이 바쁘고 고단하셨다. 그런데도 그때의 어머니를 떠올리면 가장 먼저 생각나는 장면이, 노래를 부르시던 모습이다. 추운 겨울 연탄불이 꺼질세라 모두가 잠든 새벽, 연탄불을 갈러 가시면서도 어머니는 노래를 부르셨다. 나지막이 부르시던 그 노래를 이불을 뒤집어쓴 채 나는 귀 기울여 듣곤 했다. 아침 새소리보다 어머니의 노랫소리가 더 좋았다. 태양도 어머니의 노랫소리를 듣기 위해 뜨는 것 같았다. 그 소리는 그 시절 우리의 희망이었다.

연탄 한 장

길고 긴 겨울밤
연탄 한 장에
다섯 식구 잠을 잔다

새벽이 와도
제발 꺼지지 말았으면
어머니 그 간절함에

더디게 타고 있는

연탄 한 장
흰 눈도 뜨겁게 내린다

아버지와 어머니는 가난 속에서도 희망을 잃지 않으셨다. 그 결과 3년 뒤, 우리 가족은 다시 모여 살게 되었다. 열심히 일한 끝에 부모님은 마산 교방동에 방이 5개나 되는 큰 집을 사셨다. 할아버지와 아버지, 어머니, 형, 나 그리고 동생, 여섯 식구가 함께 살았다. 그때부터 우리는 가난을 모르고 살게 되었다. 아버지와 어머니는 더 열심히 일하셨다.

어머니와 할머니

어머니는 시어머니인 우리 할머니를 진심으로 좋아하셨다. 어머니에 따르면 할머니는 성품이 온화하시고 인자한 분이셨다고 한다. 어머니는 막내딸이었다. 꽃다운 나이에 시집와서 곧바로 남편을 군대에 보내야 했다. 그 후 3년간 남편도 없이 혼자 시집살이를 하셨다. 그리고는 자식 낳고, 시부모 모시고, 바쁜 농사일 하며 살다 보니, 친정에 가는 일은 꿈도 꾸지 못했다고 한다.

내가 네 살 때 외할머니가 돌아가시고, 그 이듬해 친할머니가 세상을

추운 겨울 연탄불이 꺼질세라 모두가 잠든 새벽,
연탄불을 갈러 가시면서도 어머니는 노래를 부르셨다.
나지막이 부르시던 그 노래를 이불을 뒤집어쓴 채
나는 귀 기울여 듣곤 했다.

떠나셨다. 그때 어머니의 상실감이 얼마나 크셨을까? 초등학교 저학년 때인 걸로 기억한다. 한번은 어머니와 단둘이 할머니 산소에 간 적이 있다. 절을 드리고 돌아서려는데, 어머니가 갑자기 무덤 앞에 주저앉으셨다.

"어머이... 어머이..."

어머니는 할머니 산소를 붙잡고 통곡을 하셨다. 그렇게 한참을 우시더니 내게 말씀하셨다.

"니는 모르제? 할머니가 내를 얼마나 이뻐하셨는지."

그때 나는 깨달았다. 무뚝뚝한 경상도 남자인 아버지 곁에서, 어머니에게 시어머니는 유일한 정서적 안식처였다는 것을. 외갓집도 가지 않으시던 어머니. 출가외인이라며 친정과도 거리를 두셨던 어머니에게 시어머니는 친정어머니나 다름이 없었던 것이다. 그리고 아들만 셋을 둔 할머니에게는 첫 며느리이자 큰 며느리가 정말 딸 같았을 것이다.

어머니

어머니 한숨으로
푸른 싹 틔우고
어머니 눈물로
붉은 꽃 피웠습니다

그 향기 짙고 짙어
나비도 취하는데

어머니는 어이해
꽃이 지듯 가셨나요

어머니 어머니
꽃이 예쁜 오늘은
어머니 그리워
마냥 우옵니다

어머니의 꿈

"엄마는 꿈이 뭐였어요?"
"꿈이 있나, 먹고 살기 바쁜데."
　시인이 되고 나서 어머니께 꿈이 뭐였냐고 여쭤봤을 때 돌아온 대답이다. 시인이 되지 않았다면 이런 질문을 하지 않았을지도 모르겠다. 어머니의 그 짧은 한마디에 나는 한참 동안 말을 잇지 못했다. 열여덟에 시집와서 남편 군대 보내고, 시부모님 모시고, 농사일하시던 어머니. 형제 중 머리가 제일 좋았다며 "선생이나 했으면 잘했을 거다"라고 덧붙이시던 그 목소리가 왜 그리 애석하게 들렸던지, 아직도 귓가에 맴돈다. 자신이 낳은 '아들 삼 형제' 그게 어머니의 꿈이지 않았을까. 나도, 형도, 동생도, 어머니의 못다 이룬 꿈 위에서 자란 아들이다. 그래서일까, 내가 쓰는 시에는 어머니의 삶이 많이 배어있다.

빨래

달빛이 햇살보다 밝은 밤
고단한 몸 기대지 못하고
빨래를 하시는 어머니

삶의 무게 바위 같아도
우물가 흐드러진 수국은
이리도 고운 것을

젖은 옷 정성스레 널고
그제야 허리 한 번 펴면
불어오는 밤바람 사이로
달빛이 빨래를 말린다

꽃과 어머니

　지난봄, 내가 명예교사로 있는 꿈사랑학교에서 방송 촬영이 있었다. 시간을 내기가 어려웠지만, 부모님도 뵐 겸, 서울서 일찍 기차를 타고 창원으로 내려갔다. 일정을 마치고 마산 부모님 댁에 가려는데, 뭘 들고 가야 할지 마땅한 게 떠오르지 않았다. 자주 뵙지 못하는 관계로 매달 택배를 통해 부모님께 마음을 전하는 터라, 그동안 해왔던 선물보다는 뭔가 흔하지 않은 색다른 선물을 하고 싶었다.
　때마침 꽃집이 보였다. 노란 프리지어꽃을 두 다발 샀다. 무릇 선물이란 받는 사람이 좋아하는 걸 드려야 했기에, 꽃을 좋아하시는 어머니를 위해 그리고 병중에 계시는 아버지를 위해 꽃을 샀다. 어버이날 카네이션은 자주 드렸지만, 한 번도 제대로 된 꽃을 선물한 기억이 없었다. '쓸데없이 먹지도 못하는 꽃을 왜 샀냐고 핀잔을 주시지는 않겠지'라고 생각하면서도 내심 어떤 반응을 보이실지 궁금하기도 했다.

　교방동 집에 도착해, 등 뒤에 숨기고 있던 꽃을 어머니께 내밀었다. 어머니는 뜻밖의 반응을 보이셨다. 나는 살짝 놀랐다. "내 평생 꽃 선물 처음 받아 본다. 아이고 좋아라" 펄쩍펄쩍 뛰신다. 춤을 추신다. 어머니의 그런 모습이 신기하게 다가왔다. 어버이날 받는 매번 똑같은 카네이션은 어머니께 꽃다운 감동을 드리지 못했나 보다. 어머니가 꽃을 좋아한다는 사실을 어릴 때부터 알았는데, 그 덕에 나도 꽃을 좋아하게 됐는데, '내가 너무 무심했구나' 하는 생각에 죄송한 마음이 들었다.

어머니는 프리지어를 여러 개로 소분해 식탁 위에, 탁자 위에, 아버지 누워 계신 침대 옆에 놓아두셨다. 아버지도 꽃을 보시며 "꽃이 예뻐서 기분이 좋아진다"라고 말씀하셨다. 나도 한참 꽃을 바라보았다. 저게 뭐라고, 진작 사 드릴 것을.

어느 봄날

동백나무 붉은 꽃잎이
툭 하고 떨어진다

청매화 하얀 꽃 무리는
하늘을 뒤덮고

빗줄기에 핀 꽃이
바람결에 지누나

밭매던 아낙의 눈길이

꽃 틈에서 멈추었다

어머니 댁에 걸려 있는 아들의 시다. 봄에 예쁜 꽃이 피어도 먹고살기 바빠서, 좋아하는 꽃을 마음껏 구경도 못 하시던 어머니, 가난했던 젊은 날의 어머니를 생각하며, 한평생 자식 위해 살아오신 그 노고를 잊지 않겠다는 뜻에서 시를 썼다. 감사하게도 이 시를 좋아한 어느 캘리그라피 작가님이 작은 액자에 시를 넣어 어머니께 선물해 주셨다.

어머니를 볼 때마다 나는 동백꽃이 생각난다. 어릴 때 동백꽃을 키우시던 모습 때문이기도 하지만, 추운 날씨에 이쁘게 꽃 피우는 동백의 모습이 고생하며 우리를 키우신 어머니의 모습 같아서다. 내가 초등학교 때 어머니가 화단에 심었던 동백나무는 변함없는 어머니의 사랑을 상징하듯, 40년이 훌쩍 지난 지금도 핑크빛이 도는 빨간 꽃을 예쁘게도 피운다.

100년을 사신다면

요즘은 2주에 한 번씩은 꼭 마산에 가려고 애쓴다. 두 분이 연세도 많으시고, 몸도 안 좋으셔서, 어쩌면 헤어질 날이 머지않아서.

부모님의 은혜로 세상에 태어나 20년을 슬하에서 보내고, 35년을 떨어져 살았다. 계산을 해 보면 35년간 150번 정도 부모님을 뵌 것 같다. 150이란 숫자가 나를 가슴 아프게 했다. '더 자주 뵈어야 할 텐데' 늘 그 생각이 나의 발걸음을 마산으로 향하게 한다.

오리고깃집으로 가는 길에 아버지의 손을 잡고 부축해 드렸다. 말라가는 손이었지만, 이렇게 걷고 계시니 얼마나 감사한가. 얼마 전까지만 해도 걷지도 못하고, 죽만 드시던 분이 오늘은 식당에 가서 오리고기를 드신다. 잘 드셔야 병도 이기는 법이다. 밥맛이 좋아진다는 약을 구해다 아버지께 드렸다. 어머니 말씀으로는 아버지가 그 약을 안 빼먹고 잘 드신다고 한다.

어르신들에게는 삶에 대한 애착이 필요하고, 이를 위해 자식들은 용기와 자신감을 심어 드려야 한다. 나는 89세이신 아버지가 담배도 술도 안 하시고, 체력을 잘 관리하시는 관계로 100살은 거뜬히 사실 거로 생각했다. 그래서 2025년 현재 106세이신 김형석 교수님(연세대 철학과 명예교수) 얘기를 자주 하며, 아버지께 삶에 대한 자신감을 드리려고 노력했다. 그럴 때면 어머니는 옆에서 늘 맞장구를 쳐 주셨다.

"아버지 체질이 김형석 교수님과 비슷하세요. 주변에서 아버지도 100살 넘게 오래 사실 것 같답니다."

"보소, 원석이 말 들었지요? 당신은 내보다도 오래 살 깁니더."

아버지가 환하게 웃으셨다. 그 말을 듣고 어깨를 펴셨다.

석양

나이가 들어도
가슴 뭉클한 삶을 살아라

하늘을 붉게 물들이는 건
작열하는 태양이 아니라
여물어 가는 석양이다

아버지와 어머니께 용기를 드리고 싶어서 지은 시다. 팔순이 훌쩍 넘으신 아버지와 어머니를 보고 있으면, 두 분은 절친한 친구 같다는 생각을 자주 하게 된다. 도란도란 말씀을 나누시는 모습은 마치 어린아이들이 소꿉놀이하면서 나누는 대화처럼 들리기도 한다. '나도 우리 부모님처럼 저렇게 오순도순 정답게 살아야지'라고 생각을 하게 된다.

딸 같은 아들

나는 삼 형제 중 둘째다. 형하고는 8살, 동생하고는 4살 차이가 난다. 어머니는 어릴 때부터 늘 같은 말씀을 하셨다.

"아이고 이놈의 자슥아. 야가 정이 많아서."
꾸중인지 칭찬인지 모를 말씀이었다.
하지만 어머니는 대견해 하셨다. 그날 이후로
어머니는 나를 '딸 같은 아들'이라 말씀하시곤 했다.
"원석이 니가 딸 노릇 해라. 엄마하고 친구도 하고."

"자식 셋인데, 다 아들이라 외롭다. 니가 싹싹하고 잔정도 많고 하니, 엄마한테는 딸 같은 아들이다."

그 말씀의 연원을 나는 기억한다. 중학교 1학년 때였다. 우리 집은 마산 교방동이었는데, 나는 추첨을 통해 창원에 있는 창원중학교를 배정받았다. 그때는 창원에서 창원중학교와 창원고등학교가 유일하게 마산 학군에 포함되어 있었다. 마산에서 창원까지는 버스로 왕복 한 시간이 넘는 거리였다.

어느 겨울날이었다. 학교를 마치고, 버스에서 내려 집으로 걸어가는데, 무거운 짐을 이고 계신 할머니 한 분을 보았다. 등이 굽으셨는데 무척 힘들어 보였다. 책이 많아서 내 가방도 무거웠지만, 나는 자연스럽게 할머니의 짐을 들었다.

"할머니, 제가 들어 드릴게요."

할머니는 한사코 사양하셨지만, 나는 그 짐보따리를 받아 머리에 이고 걸었다. 할머니 댁까지는 꽤 먼 거리였다. 겨울인데도 땀이 줄줄 흘렀다. 등에는 무거운 책가방, 머리에는 할머니의 짐보따리. 지나가는 사람들이 머리에 짐을 이고 가는 어린 나를 힐끔힐끔 쳐다봤다. 하지만 부끄럽지 않았다. 좋은 일이고, 당연한 일이라고 생각했기 때문이다.

우리 집 쌀가게 앞을 지나가는데 마침 어머니가 나를 보셨다.

"니 어디 가노?"

"엄마 잠깐 있어 봐라. 할머니 모셔다드리고 올게."

어머니에게 책가방을 떠맡기고 다시 오르막길을 올랐다. 할머니를 댁까지 모셔다드리고 돌아오니 어머니가 가게 문 앞에 서 계셨다.

"아이고 이놈의 자슥아. 야가 정이 많아서."

꾸중인지 칭찬인지 모를 말씀이었다. 하지만 어머니는 대견해 하셨다. 그날 이후로 어머니는 나를 '딸 같은 아들'이라 말씀하시곤 했다.

"원석이 니가 딸 노릇 해라. 엄마하고 친구도 하고."

하지만 정작 나는 형제 중 유일하게 고향을 떠났다. 형과 동생은 마산에 남았는데, 나 혼자만 서울에 터를 잡았다. 어머니가 원하시던 딸 노릇은 결국 고향에 계신 형수님의 몫이 되었다. 지금도 형수님은 부모님 집에서 5분 거리에 사시면서, 아침저녁으로 챙겨드린다. 천사 같은 형수님이 계셔서 얼마나 든든한지 모른다.

어머니, 아버지를 위한 시

내가 쓴 어머니에 대한 시는 20편이 넘는다. 그중에서도 어머니 말씀을 듣고 어머니가 시집오신 그해를 떠올리며 쓴 시가 있다. 1957년 열여덟 새색시 때 우리 어머니의 모습, 시 '내 어머니 시집오신 그해'다. 이 시를 쓸 때 어머니의 청춘이 눈앞에 그려졌다.

꿈 많던 소녀가 시집와서 고생만 하다가 이제 팔십을 넘어 구십을 바라보신다. 나는 아직도 이 시를 제대로 읽지 못한다. 죄송해서, 감사해서, 하염없이 눈물이 나서.

내 어머니 시집오신 그해

감자 찌고 국수 삶아
소쿠리에 가득 이고
시원한 탁주 한 사발
주전자에 부어 담고

뙤약볕 내리쬐는
좁다란 논두렁을
젊은 아낙이 걸어갑니다

오솔길 굽이 지나
개여울 징검다리 사알짝 넘어
조심스레 건너갑니다

느티나무 그늘에 잠시 앉아

이마에 땀방울 닦아 내고

작은 버선발에 흰 고무신 고쳐 신고

또 걸어갑니다

쪽 찐 머리에 은비녀 곱게 꼽고

분홍 저고리 옷고름은 살포시 동여매고

진달래꽃 따라 시집온 열여덟 새악시

시끄러운 참매미가 목청껏 울어대도

새색시는 어깨춤이 절로 납니다

낭군님 보고파서

무거운 십 리 길도 즐겁기만 합니다

뽀얘서 앳된 얼굴에

뒤뜰 맨드라미보다 더 붉은

사랑 꽃이 활짝 피었습니다

당산에 살구는

주황빛으로 익어 가고

가뭄 든 참깨밭에도

나비가 날아듭니다

시 '내 어머니 시집오신 그해'를 쓴 다음, 그때의 아버지를 생각하며 '아버지 젊을 적 하루'라는 시를 썼다. 나는 한 번도 이 두 시를 아버지와 어머니께 읽어드리지 못했다. 글로는 썼는데 왠지 읽어드리기에는 쑥스러웠다. 시가 책이 되어 나올 때마다 선물로 드렸으니, 읽어 보셨을 것이다. 젊은 시절을 떠올리며 부모님은 어떤 생각을 하셨을까?

아버지 젊을 적 하루

저녁연기 피어올라
밥 짓는 향이 동구 밖까지 흘러오면
노을은 바람 타고 서산을 넘어간다

색시가 기다릴라
밭매던 손 거두고
오늘은 이만 가야겠네

집으로 향하는 길
뚝방길 아래로

잔잔한 개울물이 유난히도 반짝인다

낮에 담았던 햇살이
아직 남은 걸까
물 위를 쳐다보니

구름을 나온 둥근달이
등 뒤를 따르다가
먼저 와 멱을 감네

저 달을 건져서
앞을 밝혀 집에 갈까
두 손으로 잡으려다 놓치고 또 놓치고

도저히 잡지 못해
손만 씻고 일어서네

집으로 가는 길
들판을 놀던 제비도
길동무 되어 날으고

휘파람은 절로 나와

발걸음도 가벼워라

어깨에 멘 괭이 끝에

물속 둥근달이 언제 걸렸을까

어둠 깔린 밤길을 반갑게 비춰 주네

윤동주와 박정희, 그리고 나의 꿈

　초등학교 때부터 나는 문학소년이었다. 어머니가 용돈을 주시면 무조건 책을 샀다. 한 번에 여러 권을 사서는 몇 권밖에 읽지 못했다. 아직은 어려서 좋은 책을 고르는 능력이 없었던 것이다. 재미없는 책은 읽다가 금세 그만뒀다. 굳이, 억지로 읽지 않는 독서 습관은 그때부터 길러진 것 같다. 하지만 흥미 있는 다양한 책을 많이 읽었다.

　어느 날, 우연히 집어 든 시집에서 윤동주의 '서시'를 보게 되었다. "잎새에 이는 바람에도 나는 괴로워했다." 무슨 뜻인지도 잘 모르겠는데 나도 모르게 가슴이 뭉클해짐을 느꼈다. 그 한 줄이 내 마음을 흔들었다. '나도 이런 글을 쓰는 사람이 되고 싶다'라는 생각이 어렴풋이 들었다.

그해 가을, 1979년 10월 26일. 박정희 대통령이 서거했다. 당시 우리 집은 큰 기와집이었고, 세 들어 사는 두 가족과 함께 살았다. 서거 방송이 나오자 아랫방에 사시는 할머니가 마당으로 뛰쳐나오셨다. 그리고는 땅을 치면서 우셨다.

"아이고, 아이고! 우리 대통령님이 가셨다."

나는 깜짝 놀랐다. 할머니의 가족이 돌아가신 줄로만 알았다. 아버지께 여쭤보니 이렇게 말씀하셨다.

"국민에게 큰 언덕이 되었던 대통령이 돌아가셔서 할머니가 우시는 거다."

가족도 친척도 아닌 전혀 관련이 없는 사람의 죽음에도 저렇게 슬퍼할 수 있구나, 신기했다. 어린 마음에 생각했다. '나도 저렇게 사랑받는 사람이 되어야지.'

그 일이 있고 나서 나는 공직자의 꿈을 꾸게 되었다. 장관이나 국회의원, 대통령 같이 나랏일을 하면서 국민에게 사랑받는 사람이 되고 싶었다. 그래서 늘 부모님께 말씀드렸다.

"저는 나중에 훌륭한 공직자가 될 거예요."

나는 국회와 대통령실, 행정안전부 등에서 20여 년을 일했다. 별정직 공무원으로 7급에서 시작해 1급 상당까지 올랐다. 명예롭고 과분한 자리였다. 열심히 일한 덕분에 나라에서 훈장도 받았다. 어릴 적 꿈을 이루었다.

  나의 또 다른 꿈이었던 시인으로 왕성하게 활동하던 2019년, 내게 뜻밖의 제안이 들어왔다. 대한적십자사 경남지사에서 홍보대사를 맡아 달라는 것이었다. 당시 씨름 스타 출신인 이승삼 선배님이 홍보대사를 맡고 계셨는데, 친분이 있는 나를 추천한 것이었다. 서울 사는 내가 경남에서 홍보대사를 맡는 게, 감투만 쓰고 일은 하지 않는 게 될까 봐 망설였지만, 마음을 고쳐먹었다. 부모님이 마산에 계시니, 이 일을 맡으면 자주 뵈러 갈 수 있겠다는 생각을 했다. 그렇게 시작한 적십자 홍보대사는 활동에 활동을 거듭하며, 적십자 본사 홍보대사까지 맡게 되었다.

너에게 꽃이다

마음을 접고 접어
꽃 한 송이 만들고

사랑을 품고 품어
향기 한 줌 모으고

두 손에 가득 담아

그 일이 있고 나서 나는 공직자의 꿈을 꾸게 되었다.
장관이나 국회의원, 대통령 같이 나랏일을 하면서
국민에게 사랑받는 사람이 되고 싶었다.
그래서 늘 부모님께 말씀드렸다.
"저는 나중에 훌륭한 공직자가 될 거예요."

너에게 주느니

꽃처럼 피고
꽃처럼 웃어라

세상은 온통
너에게 꽃이다

나의 대표 시이기도 한 '너에게 꽃이다'는 내가 적십자사에 처음으로 헌정한 시다. 그 후 나는 20편 가까운 시를 대한적십자사에 헌정했다. 헌정 시 중 한 편인 '세상은 기억하리라'는 가수 윤복희 씨에 의해 노래로 만들어지기도 했다. 적십자사에서는 내가 헌정한 시를 수천만 장 인쇄해, 적십자 회비 봉투에 넣어, 전 국민에게 선물했다. 가슴 벅찬 일이 아닐 수 없었다. 부모님을 자주 뵙고 싶어서 맡은 적십자사 홍보대사는 내가 가장 잘 선택한 일 중 하나가 되었다.

살기 위해 시를 쓰다

인생을 살다 보면 누구나 굴곡이 있게 마련이다. 내게도 영락없이 그런 일이 찾아왔다. 피치 못할 사정으로 나는 초등학교를 갓 졸업한 딸을 혼자서 키웠다. 2015년 가을, 아이가 고3이 되자 나는 더 이상 버틸 수가 없었다. 나를 짓누르던 트라우마는 극심한 우울증과 공황장애로 이어졌고, 약을 먹어도 나아지지 않았다. 고통의 연속이었다. 어느 날 새벽, 나는 글을 쓰기 시작했다. 일기 형식의 시였다. 마음을 달래기 위해, 어쩌면 살기 위해 쓴 글이었다.

수능을 앞둔 딸을 보면서, 아무것도 해줄 수 없는 아빠의 마음을 썼다. 그러고는 그걸 가장 가까운 스무 명의 지인에게 보냈다. 누군가 내 처지를 알아주길, 나를 잡아주길 바라는 마음에서였다. 놀라운 일이 벌어졌다. 스무 명 모두가 울먹이며 내게 전화를 걸어왔다. 한 친구가 말했다.

"글이 슬프지만, 너무 좋다. 자네가 살기 위해서라도 시를 계속 써 봐라."

몇몇 지인이 그렇게 내가 보낸 글을 읽고, 내게 시를 써 보라는 권유를 했다. 한 지인은 내 시집을 출간하고 싶다는 의사를 전해왔다.

"시집을 내드리고 싶어요. 출판사 등록은 제가 할 테니 계속 시를 써서 보내주세요."

그렇게 첫 시집이 나왔다. 정말 놀랍게도 그 시집은 나오고 얼마 지나지 않아 베스트셀러 1위에 올랐다. 독자가 생기기 시작했고, 하나씩 강연 섭외가 들어오기 시작했다. 그렇게 나는 시인이 되었다.

    2019년《마음으로 그린 그림》이라는 다섯 번째 시집을 냈다. 그해에는 태진아, 변진섭 등 이름만 들어도 누구나 아는 유명 가수들이 내 시를 노래로 부르기 시작했다. 강연도 한 해 동안 100회 정도 들어왔다. 어느 정도 시인으로서 자리도 잡았고, 먹고사는 문제에 대한 고민도 줄어들었다. 하지만 기쁨도 잠시 2020년이 되면서 세계적인 전염병 코로나가 터졌다. 강연 의뢰가 사라지고, 시집을 판 인세만이 유일한 수입이 되었다. 그러나 1년 동안 번 돈이 고작 한 달 월급도 안되는 돈이었다. 그래도 포기하지 않았다. 아니, 포기할 수 없었다. 시가 나를 살렸으니까. 이제는 누군가를 살리기 위해 시를 쓴다는 자부심이 생겼다. 계속 시를 썼다. 그러나 가족들의 반응은 냉담했다. 특히 어머니의 걱정이 컸다.

    "언제까지 시 쓸 낀데?"

    어머니는 내가 시를 그만 썼으면 하는 생각이었을 것이다. 하지만 어머니의 본심은 다르다는 걸 안다. 어렸을 때부터 늘 하시던 말씀이 있었으니까.

    "돈이야 밥 먹을 정도면 된다. 우리 아들이 행복한 거 해라."

    하루는 어머니가 전화해 물으신다.

    "원석아, 니 행복하나?"

공직에서 나와 어떤 이유에서건 시를 쓰는 아들이 안타까웠을까? 진짜 행복한지 궁금하셨을까? 어머니께 행복하다는 말씀을 드리고, 전화를 끊고는 펑펑 울었다. 내가 행복해서 하는 일인데, 나만 행복한 일을 하고 있는 건 아닌지, 어머니께 걱정을 끼친 것 같아 너무 죄송하고 마음이 아팠다.

며칠 고민을 하다가 나는 시를 그만 쓰기로 결심했다. 가족들이 모두 행복해하는 일을 해야겠다 싶어서 시인의 길을 포기하려고 했다. 하지만 운명은 나를 다시 시를 쓰게 만들었다.

시를 통해 가난한 시인의 삶을 멋스럽게 표현하고 싶었던 나는 '밥'이라는 시를 써 내려갔다. 6행밖에 안 되는 이 짧은 시에 어머니의 사랑을 함께 녹여 넣었다. 내가 배고픈 이유를 현실적인 것에서 찾지 않았다. 물질적인 것을 초월하고, 삶에 대한 성찰을 시에 담고 싶었다.

밥

저녁 올 무렵 허기가 져
노을로 밥을 지어 먹었다

시장기가 가시질 않아
왜 그런가 생각하니

어머니 그 말씀이 없었구나
"한 숟갈만 더 먹어라"

    이 시를 발표하고 나서 나는 시를 그만 쓰려고 했다. 누군가에게는 한량처럼 느껴졌을 이 직업을 포기하려고 했다. 조금씩 주변을 정리하고 있는데, 때마침 전화가 한 통 걸려 왔다. 농부가 쌀을 생산하면 그것을 각 가정과 사업장으로 유통시키는 초록숟가락이라는 업체에서 온 전화였다. 쌀 유통으로는 대한민국에서 몇 손가락 안에 드는 회사였다.

    "시인님의 '밥'이라는 시를 우리 쌀 포장지에 넣고 싶습니다. 그리고 3년 동안 쇼핑몰 메인화면에 띄우겠습니다."

    나는 귀를 의심했다. 밥벌이도 못 하는 시를, 생계유지도 안 되는 시를, 미련 없이 포기하려고 했는데. 그 시를 쌀 포장지에 넣겠단다. 이 일은 당시 내게 실로 엄청난 일이었다. 결론적으로, 이 일을 계기로 나는 다시 시를 쓰기로 했다. 경제적인 이유가 내겐 큰일이 아닌 게 되었고, 그 문제에 대해 어느 정도 자신감이 생겼다. 시가 누군가에게 위로가 될 수 있다는 것, 그것만으로도 다시 시를 쓰는 충분한 이유가 되었다.

행복을 미루지 마세요

지금의 나는 행복하다. 내 일과 내 삶에 만족하며 산다. 시집을 8권이나 냈고 베스트셀러 1위도 다섯 번이나 했다. 노래도 30곡 넘게 나왔고, 전국에 시비도 여러 개 세워졌다. 더 유명해지고 싶지도 않고, 더 많이 돈을 벌고 싶지도 않다. 공무원 때에 비하면 수입이 안정적이지는 않지만, 따지고 보면 돈 쓸 일도 별로 없다. 중요한 것은 시인으로서 누구보다 보람 있고 가치 있는 삶을 살고 있다는 것이다.

어머니는 지금도 떨어져 사는 아들에게 음식을 만들어 보내신다. 장어국을 좋아하는 나를 위해 장어국을 끓여서 꽝꽝 얼려 택배로 부치신다. 어시장에서 산 조기도 얼려서 보내신다. 언제까지 이 음식들을 먹을 수 있을까? 지금이 제일 행복하다. 어머니의 음식을 먹는 지금이, 시를 쓰는 지금이.

어머니는 누구보다 나를 응원해 주신다. TV에 나오면 다 챙겨보시고, 마산에서 강연하면 꼭 오신다. 변진섭, 조성모, 추가열, 태진아 같은 유명 가수들이 내 시를 노래로 부른다고 하면 그렇게 좋아하신다.

"우리 아들이 최고다. 강원석이 최고다."

어머니의 행복이 나의 행복이고, 나의 행복이 어머니의 행복이 되었다.

시인이 되고 나서 나는 전국을 다니며 강연을 한다. 시간이 갈수록 강연의 기회가 많아져 연 200회 정도를 소화한다. 내게 강연은 여행이자 독자들과 소통하는 즐거운 수단이다. 내가 하는 강의 중 가장 인기 있는 주제는 '행복을 미루지 마세요'이다. '가슴 뭉클한 삶을 살아라' '시를 읽는 사람은 꿈을 색칠합니다' 등도 있지만, '행복을 미루지 마세요'가 단연 인기이다. 나는 행복과 함께 사랑도 미루지 말라고 덧붙인다. 지금 행복하지 못하고, 사랑하지 않으면 내일은 더 어려워진다.

얼마 전 강의에서 한 청중이 물었다.
"시인님은 어떤 여자를 좋아하세요?"
"예전엔 이쁘고 마음씨도 착한 여자를 좋아했는데, 지금은 제 시를 외우는 여자를 좋아합니다."
모두가 웃었다. 하지만 진심이다. 내 시를 외운다는 건 내 마음을 이해한다는 뜻이니까. 어머니도 내 시를 외우신다. '농부의 노래'를 흥얼거리시고, '밥'을 읊으신다. 그럴 때마다 가슴이 뭉클하다.

엄마, 쑥스러워서 말로는 못 하고, 지면을 빌어 말씀드립니다.
엄마의 꿈은 자식이 행복한 거였죠.
저는 지금 정말 행복해요. 비록 늦었지만, 이제라도 딸 같은 아들이 되겠습니다.

변진섭, 조성모, 추가열, 태진아 같은 유명 가수들이
내 시를 노래로 부른다고 하면 그렇게 좋아하신다.
"우리 아들이 최고다. 강원석이 최고다."
어머니의 행복이 나의 행복이고,
나의 행복이 어머니의 행복이 되었다.

엄마가 계신 동안, 아니 엄마가 안 계신 후에도, 엄마의 사랑을 시로 쓰겠습니다.

내 시를 읽는 모든 사람이 자신의 어머니를 떠올리며 울고 웃을 수 있도록.

어머니 사랑합니다. 그리고 고맙습니다.

"꿈이 있나, 먹고 살기 바쁜데"라고 하셨지만, 이제는 압니다. 엄마의 꿈은 늘 이루어지고 있었다는 것을. 자식이 행복한 것, 그게 어머니의 유일한 꿈이었고, 가장 위대한 꿈이었다는 것을.

마지막 대화, 아버지…

2025년 8월 22일 새벽, 이 글을 완성하기도 전에 아버지는 뇌출혈로 세상을 떠나셨다. 20여 일간 병원 중환자실에서 깨어나지 못하시고, 결국 우리와 이별을 하셨다. 아버지가 응급수술을 마친 다음 날, 나는 부랴부랴 마산으로 갔다. 의식이 전혀 없으시던 아버지는 내가 손을 잡고 울면서 "아버지, 아버지, 아버지" 반복해서 외치자 기적적으로 잠깐 눈을 떠셨다.

"아버지, 저 알아보시겠어요?"

아버지의 눈동자가 힘겹게 나를 본다.

"아버지 덕분에 행복했습니다"라고 흐느끼자 아버지의 눈에서는 눈물이 흘렀다. 그게 마지막이었다. 100살 넘게 사실 거로 생각했던 아버지는 89세의 일기로 우리 곁을 떠나셨다.

아버지는 선비 같은 분이셨고, 모범적인 성실한 인생을 사셨다. 나는 누구보다 아버지를 존경했고, 자랑스러운 아들이 되기 위해 부단히도 노력했다. 인생을 살며, 몇 번의 시련과 실패가 나의 삶을 송두리째 앗아가려고 했을 때, 아버지가 계셔서 버틸 수 있었다. 아버지께 더 나은 모습을 보여드리고 싶었는데, 꼭 함께 가고 싶은 곳이 있었는데, 하나도 못 해 드린 것 같아, 아쉬움에 눈물만 흐른다.

21살 아버지는 18살 어머니를 만나 68년을 함께 사셨다. 어머니는 장례를 치르며 아버지 영전에서 이렇게 말씀하신다.

"못난 나를 만나서 호강도 못 하고, 복도 없는 양반아…."

자식들이 보기에 우리 어머니는 아버지께 부족함이 없는 헌신적인 분이셨다. 그럼에도 떠나시고 나니, 아쉬움이 크셨던 모양이다. 어머니는 아버지를 존경하고 사랑하셨다. 아버지와 어머니는 누구보다 성실하게 일하셨고, 누구보다 자식들을 위하셨다. 내 자식에게 나는 우리 부모님 같은 사람이 될 수 있을까라는 생각이 들 정도였다.

어머니의 이야기를 쓰기 위해 시작한 글인데 아버지가 세상을 떠나시면서 아버지 이야기도 많이 담겼다. 어쩌면 아버지와 어머니를 떼어서 이야기할 수 없기 때문일지도 모르겠다. 자식은 부모의 사랑으로 자란다. 자식이 행복하기를 바란다면, 부모가 행복한 모습을 자주 보여 줘야 한다. 우리 삼 형제는 성실하고 헌신적인 부모님 덕에 남부럽지 않게 자랄 수 있었다. 나도 그런 부모가 되어야 함은 물론, 이제 홀로 남으신 어머니를 아버지를 대신해 더 잘 모셔야 한다.

조선 중기의 정치인이자 시인이었던 송강 정철은 "어버이 살아실 제 섬기기를 다하여라. 지나간 후면 애닯다 어이하리. 평생에 고쳐 못할 일이 이뿐인가 하노라"라는 시조를 통해 부모님에 대한 효도를 강조했다. 부모님이 떠나면 자식들은 누구나 후회와 회한이 남는다. 내가 쓴 이 글이 단순히 어머니와 가족에 관한 이야기를 넘어, 부모님의 은혜와 사랑을 한 번 더 생각해보는 계기가 되면 좋겠다. 끝으로 짧은 시 한 편으로 부족한 글을 마무리한다.

어머니께
바치는 시

봄비 닮은 어머니

강원석

연초록 가득 안고 비가 내리니
빗물 따라온 풋풋한 봄 내음
그 향기에 새가 울고
그 향기에 꽃이 핀다

비가 오는 봄날에는
어린 나를 바라보시던
눈빛 촉촉한 어머니의 얼굴이 떠오르고

홍매화 입술에
진달래꽃 볼을 지닌 어머니

봄비 같은 어머니 눈물로

이 만큼 자라고

예쁜 꽃도 피웠는데

나로 인해 어머니는 행복하셨나

비가 오는 봄날에는

봄풀 향기 그윽한 우리 어머니

다만 그 품이 못내 그리웁다

경남의 작은 섬마을에서 자란 소녀가 창원 최고의 여성기업인 중 한 명으로 성장하기까지, 그 뒤에는 평생을 자식 교육에 헌신한 어머니가 있었다. 고등학교 졸업 후 드라마 한 장면에 매료되어 인테리어 디자이너의 꿈을 품고 서울로 향했던 김영미 대표는, 2008년 ㈜미테리어를 설립해 18년간 무재해 사업장을 운영하며 건설업계에서 입지를 다져왔다. 창원시장 표창(2017), 경남중소벤처기업청장 표창(2020), 2022 대한민국 뉴리더대상 전문기술부문 수상 등 그녀의 경영 능력을 인정받았으며, 현재 한국여성경제인협회 경남지회 총무이사와 경상남도 대학 및 지역균형인재 육성지원협의회 위원으로도 활동하고 있다. 엄마가 남포동에서 미싱을 밟으며 동생을 뒷바라지했던 것처럼, 이제는 그녀가 지역사회와 여성기업인들을 위해 헌신하며 어머니로부터 물려받은 가치를 실천하고 있다.

엄마는 내 삶의 에너지

㈜미테리어 대표이사
김영미

김영미의 어머니 신선자

1944년 거제군 두모리에서 7남매 중 여섯째로 태어나 젊은 시절 미싱으로 번 돈으로 막내동생을 공부시켰다. 결혼 후에는 가정경제를 책임지며 온갖 힘든 일을 마다하지 않았고, 남천동에 생선가게를 두 개나 열 정도로 사업수완이 좋았다. 17년 전부터는 딸의 곁에서 손주를 돌보고 살림을 도맡았다. 평생을 오롯이 가족을 위해 헌신한, 삶 전체가 사랑이셨던 어머니다.

○

"엄마 지금 제일 하고 싶은 게 뭐꼬?"

위암 수술을 이틀 앞둔 날 엄마에게 물었을 때, 엄마는 잠시 생각하시더니 이렇게 대답하셨다.

"지금은 아무것도 하고 싶은 게 읍따. 대신 다시 태어나면 공부를 좀 많이 하고 싶고, 울 엄마 한번 보고 싶고 같이 오래오래 함께 살고 싶다."

재차 여쭤봤지만 엄마는 그 외에는 하고 싶은 게 정말 아무것도 없다고 하셨다. 82세 어머니의 담담한 대답에 가슴 한편이 저렸다.

며칠 전 엄마와 크게 싸우고 말았다. 이유는 다름아닌 김치. 웬 김치 타령인가 하겠지만 갑작스레 위암선고를 받은 엄마가 가장 먼저 떠올린 게 바로 우리집 김치였다. 수술날짜를 잡은 지 얼마 되지 않은 어느 날 아침, 잠결에 달그락 거리는 소리를 듣고 나가보니 엄마가 우리집 냉장고를 뒤지고 계셨다.

"만다꼬 아침부터 냉장고를 뒤지는데?"

"양서방은 열무김치, 니는 총각김치만 있어도 밥을 먹는다 아이가."
"수술 앞두고 김치는 무슨 김치! 됐다, 치아라 고마!"
엄마에게 화가 머리 끝까지 난 나는 엄마가 꺼내던 김치통을 잡아채고는 버럭 소리를 질렀다.
"가시나! 내 입원하기 전에 김치나 담가 놓으면 안 좋나. 백화점 김치 사다놔봐야 양서방이나 니나 손도 안 대문서 괜히 지랄이다, 지랄이!"
아침부터 뭐하러 이 난리를 치냐며 신경질을 냈더니, 엄마도 부아가 치밀었는지 내게 소리를 빽 지르고는 엄마 집으로 돌아가셨다.
'그놈의 김치가 뭐라고….'

며칠 후 통영에 사업상 볼 일이 생겨 엄마를 모시고 다녀왔다. 북신시장에서 장을 보다가 문득 열무에 눈길이 갔다. 그리고 나는 깨달았다. 엄마가 내 곁에 없다면 저 열무는 지금의 열무와는 다른 무엇이 될 것이라는 걸. 열무김치를 볼 때마다 사무치게 그리운 이가 떠오를 것이라는 걸.
철이 바뀔 때마다 제철음식을 먹어야 한다며 정성껏 제철밥상을 차려주셨던 엄마. 봄철이면 두릅, 달래, 냉이를 넣어 특유의 맛깔진 반찬을 만들어준 엄마. 된장이며 고추장, 김장까지 때때마다 해 나르느라 허리가 휘는 줄도 모르고 사셨던 세상 둘도 없는 내 편, 나의 어머니.
둘러보면 사방이 엄마였다. 그런 엄마에게 나는 어떤 자식이었을까.

엄마에게 나는 좋은 딸이었을까. 단 한 가지 분명한 건 엄마는 지금껏 내 삶의 가장 큰 에너지였다는 것이다.

바닷가 섬에서 자란 아이

내 어린 시절 이야기는 이수도라는 작은 섬에서 시작된다. 결혼과 동시에 집안의 생계를 책임져야 했던 엄마는 내가 서너 살 무렵이 되자 아버지의 고향인 이수도의 큰아버지댁에 나를 맡겼다.

다행이 큰아버지, 큰어머니, 그리고 할머니들은 내게 넘치고도 남을 사랑을 듬뿍 쏟아주셨지만 이수도에 간 처음 몇 주간은 엄마가 보고 싶어 하염없이 울기도 했다. 해만 지면 엄마가 보고 싶다며 울던 나를 달래준 사람은 큰아버지였다.

큰아버지는 저녁마다 나를 업고 이수도 바닷가를 돌면서 우는 나를 조곤조곤 달래주셨다.

"저기 저 바닷가 수평선에 있는 배 보이제? 저 배가 들어올 때 엄마도 온다. 알겠나?"

큰아버지는 그렇게 말씀하시며 어린 내 마음을 따뜻하게 어루만져주셨다.

한 번은 몽돌해변에서 큰아버지가 크게 역정을 내신 일이 있다. 그

날도 난 엄마를 찾으며 울었던 것 같다. 큰아버지는 나를 달래주려 바닷가로 데려와 몽돌해변에 앉혀두고 저 멀리 보이는 배가 섬에 다다를 때 엄마도 같이 온다는 얘길 해주셨다.

그런데 바로 옆에 앉아 있던 동네 아이가 나를 확 밀치는 바람에 돌에 이마를 찧고 말았다. 나는 마음도 아픈데 이마까지 아프니 세상 서럽게 울었을 테고, 큰아버지는 화가 머리끝까지 나서 동네 아이를 크게 나무라셨다.

돌에 머리를 찧었으니 피도 나고 조금 부었을 터, 작은 섬에 데려갈 만한 병원도 없다 보니 큰아버지는 밤새 옆에서 내 이마를 문질러 주셨다.

큰집에는 내 또래 사촌들이 넷이나 더 있었음에도, 큰아버지와 큰어머니의 일 순위는 언제나 나였다. 한 번은 여자 사촌 언니 그러니까 큰아버지의 딸이 각자 한 마리씩 먹어야 하는 뽈락구이를 내 것까지 두 마리를 먹는 바람에 크게 혼이 났다. 내 몫의 뽈락을 빼앗아 먹은 사촌은 큰어머니의 빗자루에 안 맞기 위해 마당을 질러 한참을 달려나가야 했고, 나는 깔깔깔 웃으며 사촌 언니를 따라갔던 일이 아직도 눈에 선하다.

이렇듯 큰아버지, 큰어머니의 사랑이 어린 내 마음에도 얼마나 깊고 애틋하게 다가왔던지, 집으로 돌아와서도 조금만 서운한 말을 들었다 치면 큰집에 보내 달라며 울고 떼를 썼다.

3년 전 큰아버지가 돌아가셨을 때 나는 큰아버지가 보여주셨던 바다가 떠올랐다. 그 너른 어깨 위에 나를 태우고 조곤조곤 나를 달래주셨던, 혹여나 마음 상할까 자식보다 나를 더 챙겨주셨던 큰아버지를 다시 뵐 수 없다는 사실에 얼마나 서럽고 그리운 마음이 들었던지 쉽게 울음을 그칠 수 없었다. 어린 내게, 친아버지보다 더 속 깊은 사랑을 보여주신 큰아버지 덕분에 내 어린 시절은 결코 외롭지 않았다.

그 시절 이수도에서 나는 정말 자유롭게 자랐다. 문밖으로만 나가면 모래사장이 있던 바닷가마을이었으니, 종일 팬티만 입고 놀다 들어가 목욕만 하고는 평상에 드러누워 잠드는 게 일상이었다. 엄마, 아빠, 오빠와 떨어져 지내면서도 서럽고 힘들었던 기억이 전혀 없을 정도였다. 그만큼 친척이, 마을이 어린 나를 보호해주고 있었던 셈이다.

밤에는 할매들 틈에서 잠을 잤다. 가끔 할매들은 내게 커다란 눈깔사탕 하나씩을 주며 전래동화를 들려달라고 했다. 부산에서 친할머니와 함께 들었던 전래동화 테이프 얘기를 목소리 톤까지 흉내 내며 그대로 들려주면, 할매들은 신세계를 만난 듯 좋아서 껌뻑 넘어가고는 했다. TV도 없던 시절, 어디서 듣도 보도 못한 전래동화를 쪼그만 어린애가 올망지게 들려주니 얼마나 기특하고 재미있었을까.

그렇게 할매들 틈에 살면서 자연스럽게 독립심이 생겼던 것 같다. 넘치는 사랑을 받아서였는지 엄마를 그리워하는 마음도 날이 갈수록 희미해졌다.

다시 부산으로 돌아온 건 초등학교 입학 즈음이었다. 당시 우리집은 둘째 외삼촌이 엄마, 아빠에게 퇴직 전까지 맡아달라고 한 쥐포공장이 있는 사하구 괴정으로 이사를 해야 했다. 같은 시기, 괴정 초등학교에 입학하면서 나는 가족과 함께 새로운 생활을 시작했다.

엄마의 배움에 대한 한

엄마의 고향은 거제도 장목면 두모리이다. 엄마는 1944년생 원숭이띠인데, 주민등록상은 1948년생으로 되어 있다. 그 시절 자식 많은 집이 다들 그렇듯이 주민등록 신고가 늦어진 탓이었다. 7남매 중 여섯째로 태어난 엄마는 위에 오빠가 넷, 언니가 하나 있었고, 아래로는 남동생이 하나 있었다.

엄마에게 외할머니 하면 떠오르는 기억은 몇 개 없다. 엄마가 어렸을 때 열이 나면 시커먼 가마솥에 녹두를 삶아서 녹두죽을 끓여주던 기억. 또 옛날에는 이(먼지벌레)가 많아서 오빠 둘의 옷을 벗겨 놓고 이를 잡아준 기억…. 또 하나는 죽을 뻔한 기억.

옛날 외갓집 옆에는 대밭이 있었는데, 엄마가 여섯 살 무렵 하루는 쌍둥이 오빠 둘이 대밭에 책 보따리를 놓고 왔다고 갖다 달라고 통사정을 했다고 한다. 듣다못한 엄마가 귀신이 산다는 대밭에 책 보따리를 가지러 가는 찰나, 머리를 푼 귀신이 피 흘리며 지나가는 모습을 보게 됐고 엄마는 그 자리에서 혼절하고 말았다. 천만다행으로 외할머니가 뛰어와 업고 데려갔기에 망정이지 자칫 잘못됐다면 죽었을지도 모른다던 엄마. 엄마는 그날 이후로 지금까지 '귀신은 있다'고 믿는다.

외갓집은 엄마가 10살 때쯤 마산으로 이사를 나왔다. 외할머니는 마산일보사 앞에 담배점포를 열었는데, 이사를 간 지 1년쯤 지났을까. 급격히 건강이 나빠지시는 바람에 병원에 모시고 갔더니 간암을 판정받았다고 했다. 외할머니는 그로부터 얼마 지나지 않아 돌아가시고 말았다. 엄마 나이 겨우 11살 때의 일이었다.

외할머니의 별세로 엄마의 어린 시절도 끝이 나고 말았다. 위로 다섯 명의 언니, 오빠나 무역선을 탔던 외할아버지의 돌봄을 받지 못한 엄마는 더는 학교에 다니지 못했고, 온갖 집안일을 해야 할 처지가 되었다.

후에 큰외삼촌은 영도에 있는 대형 조선소의 경리 담당을 했는데, 한 번씩 집에 오면 가방에다 돈을 한 가득씩 넣고 왔다고 한다. 가방을 열어보면 현금이 가득 들었던 게 엄마는 지금도 눈에 선하다고 했다. 둘째 외삼촌은 경찰 시험을 쳐서 부산 중부경찰서 형사과장까지 했고, 그 밑에는 쌍둥이 외삼촌 둘이 있었는데 외항선을 타면서 돈을 벌었다. 엄마 말에 의하면 엄마와 쌍둥이 오빠 두 사람이 외할머니가 돌아가시는 바람에 제일 불쌍하게 컸단다.

어려운 집안 형편에도 막내 남동생만큼은 머리가 천재라고 소문이 날 정도로 총명해서 엄마는 자신의 공부를 중단하고 부산으로 나와 남포동 양장점에서 일하며 동생을 뒷바라지해야 했다.

엄마가 부산으로 나온 건 공부가 하고 싶어서였지만 "선자(엄마)와 형국이(막내외삼촌) 너거 둘이는 꼭 같이 손 붙들고 살아야 한다"는 외할머니의 유언으로 막냇동생의 생계와 교육에 매달리느라 정작 본인의 꿈은 접어야 했던 것이다.

그때를 떠올리면 엄마는 늘 한 가지 기억이 난다고 한다. 남포동 양장점에서 미싱을 밟는 10년 넘는 세월. 온종일 꼼짝없이 앉아서 미싱만 밟았던 그 시절, 사장이 외출할 때마다 꼭 사다주는 것이 있었다. 껌이었다.

"종일 입을 딱 닫고 있으면 입에서 냄새난다고 사다 준 모양이라."

그때 엄마는 다리가 퉁퉁 붓고 뻣뻣해질 정도로 온종일 앉아서 일만 했다. 그 힘든 세월을 버텨내며 막내 외삼촌의 학비를 댔다.

중고등학교를 우수한 성적으로 졸업한 외삼촌은 전화국, 지금의 KT에 들어가 첫 월급을 8천 원 받아왔다. 그때 엄마의 월급이 4~5만 원이 됐을 정도로 엄마는 이미 알아주는 미싱사가 되어 있었다. 남포동, 광

"공부만 좀 더 했으믄, 앙드레김 저리 가라 했을기다."
엄마는 미싱을 밟았던 그 시절을 자랑스럽게 기억한다.
손재주도 좋았고, 유달리 머리가 좋았던 엄마라면
충분히 가능했을 것이다.
하지만 한 번쯤 욕심내고 싶었을 그 '공부'를
엄마는 한평생 다른 이를 통해서만 만족해야 했다.

복동에서 20년 가까이 미싱을 밟으며 기술을 익힌 엄마였다.

"공부만 좀 더 했으믄, 앙드레김 저리 가라 했을기다."

엄마는 미싱을 밟았던 그 시절을 자랑스럽게 기억한다. 손재주도 좋았고, 유달리 머리가 좋았던 엄마라면 충분히 가능했을 것이다. 하지만 한 번쯤 욕심내고 싶었을 그 '공부'를, 엄마는 한평생 다른 이를 통해서만 만족해야 했다.

첫 번째 주자는 막내 외삼촌이었다. 외삼촌은 단직으로 우리나라에 애니콜을 상용화시킨 사람이다. 한국이동통신, 지금의 SK텔레콤에서 국장을 할 때 삼성 애니콜(현재 갤럭시의 모태)을 한국에 런칭한 분이 바로 우리 외삼촌이었다. 외삼촌은 9시 뉴스에도 인터뷰가 나올 정도로 유명세가 있었다. 지금은 매체가 많지만, 그 시대는 TV의 위력이 대단했고, 9시 뉴스에 나온다고 하면 동네가 들썩할 정도로 큰 사건이었다. 아직도 기억나는 게 외삼촌이 TV 뉴스에 나왔을 때, 집안 식구들이 다 같이 앉아서 "이야, 외삼촌이 텔레비전에 나온다"라고 신기해했던 장면이다.

어찌 됐건 외삼촌의 취직과 독립 후 엄마는 주변의 끈질긴 설득에 평생 후회할 내키지 않는 결혼을 하고 말았다. 그리하여 '공부에의 한'을 풀어줄 두 번째, 세 번째 주자가 결정되었다. 그 대상은 바로 오빠와 나였다.

엄마가 자주 하시던 말씀이 있다.

"내가 공부를 좀 하고 그랬으면 얼마나 좋았겠노. 내가 공부를 못 한 게 한이 돼서 니를 공부시켜서 아나운서 아니면 기자를 만들고 싶었다. 기자를 해도 한국에서 하지 말고 해외특파원으로 나가서 세계를 돌아다니라고 했는데 책하고는 일찍부터 담을 쌓아뿌니 우야것노."

오빠는 엄마의 기대에 부응했다. 초등학교 3학년 때 친구 집에 갔는데 친구 아버지가 의사였다. 집이 우리집과 180도 다르게 사는 걸 보고, 자기도 공부를 잘 해야겠다고 마음먹었다던 철이 빨리 들었던 오빠는 팬티가 다 낡아 떨어지고 여름 반바지 밑단이 다 닳도록 공부에 매진했다. 머리와 노력이 합쳐진 덕에 오빠는 초중고를 다니며 단 한 번도 1등을 놓치지 않았다. 단, 대학입시에서만큼은 원하는 결과를 얻지 못했는데, 오빠가 당연히 붙을 줄 알았던 서울대에 떨어진 것이었다. 엄마는 그 길로 용두산공원 밑 철학관에서 10만 원을 주고 오빠와 나의 사주를 봤다. 35년 전 우리 형편으로 10만 원은 엄청 큰돈이었지만 "이래 죽으나 저래 죽으나 빚에 깔려 죽으나 빚 없이 죽으나 매한가지다" 싶었다던 엄마는 용기를 내어 유명한 점집을 찾았다고 했다.

점을 본 결과는 이랬다. 아들은 아무리 머리가 좋아도 서울대는 인연이 없다. 보내지 마라. 딸은 아무리 엄마가 공부를 시키려고 해도 지가 하고자 하는 일이 있으니까 억지로 시키지 말아라. 공부 많이 하면 명이 짧으니 그냥 놔둬라.

"명이 짧다는데 내가 더 이상 말할 게 뭐가 있나."

오빠는 서울대 대신 연세대를 선택해 졸업하고 회사에 다니며 대학원까지 다녔고 나는 엄마가 내버려 둔 덕에 여기까지 왔다. 결국 부산에서 '개천에서 난 용'으로 명성이 자자했던 오빠는 대기업 본사 임원이 되었고 나는 어엿한 사업체를 거느리는 인테리어 회사의 대표가 되었으니 엄마의 '자식 농사'는 그런대로 괜찮지 않았나 싶다.

결혼과 함께 시작된 고난

엄마는 스물일곱 살에 아빠와 결혼했다. 당시로는 늦은 나이였다. 친정의 큰 언니가 "니가 부모가 있냐, 벌어 놓은 돈이 있냐, 인물이 잘났냐"며 "뭐가 잘났다고 시집을 안 가고 버티느냐"고 닦달을 하는 통에 마지못해 본 선이었다.

막내 외삼촌을 뒷바라지하면서 직장에서 어느 정도 인정을 받고 있었고, 무엇보다 엄마를 좋아하는 사람도 있었다는데 연애 한 번 못해 보고 결혼을 하다니, 지금으로 따지면 완전히 손해보는 장사였다.

"내 좋다는 사람도 있었다."

엄마의 말에 따르면 엄마 좋다고 따라다니다가, 선물을 주고 간 사람도 있었다. 지금도 우리집에 가면 벽에 걸린 칠판만 한 목단화 그림이 있다. 처녀 때 누가 엄마한테 주려고 가져온 그림인데, 어느 날 집 앞에다가 놔두고 간 것이다. 만나 달라고 하는데 안 만나 주니까 그림만 두고 간 거였다.

한 번은 내가 물었다.

"엄마 저거 엄마가 산 그림 아니제?"

"내 형편에 그림을 우찌 사겠노. 애들 먹이고 입히기도 바쁜데. 어느 미친놈이 갖다 놓은 걸 내버리지도 못하고 아직 가지고 있는 거지."

그랬던 엄마를 시집보내려고 이모(외할머니 동생) 아들이 나섰다. 지금은 힐링 섬으로 유명해진 외딴 섬, 이수도에 괜찮은 총각 하나가 있다면서 끈질기게 만나보라고 했다는 것이다.

엄마는 시집가고 싶은 생각은 없고 '출가'나 할까 싶었다지만 하도 귀찮게 하니 만나러 갔다가 그만 코가 꿰어 버리고 말았다. 키가 182센티에 나름 빠지지 않는 인물이었다던 아빠를 보고, 내심 싫지는 않아 했던 결혼이 이토록 천추의 한이 될 줄은 꿈에도 모르고 말이다.

엄마가 중매로 만난 아빠는 나이가 세 살 많다고 했지만 알고 보니 한 살 아래였다. 그래서 엄마 나이 스물일곱, 아빠 나이 스물여섯에 결혼을 했다.

엄마는 결혼하고 나서야 알았다. 엄마의 시어머니가 네 분인 걸 말이다. 네 분의 시어머니 중에서 엄마가 시집갈 때는 두 분이 살아계셨고 아빠를 낳은 시어머니는 네 번째 부인이셨다.

  손이 귀한 집 아들이 세 분 어머니의 손에서 키워졌으니 손가락 까딱을 안 해도 될 정도였다나. 초등학교 입학 전까지 땅을 밟아본 일이 없다고 할 정도로 귀하게 자랐단다. 옛날에는 잔치가 있으면 시골에서 온갖 음식을 다 해서 나눠주는데, 아버지는 잔칫집에서는 입도 안 대고 꼭 집에 와서 똑같이 만들어 내라고 해서 애를 태웠다고 한다. 아빠의 요구에 재주 좋은 할머니들은 잔칫집 요리를 뚝딱뚝딱 잘도 만들어 먹여주었다. 버릇을 더럽게 들여놨다고 엄마는 말했다.

  할머니 두 분이 살아계실 때 생각나는 에피소드 하나가 더 있다. 엄마가 두 분 환갑 때 금반지 석 돈과 옛날에 유행했던 비로드 옷을 한 벌씩 해서 이수도에 가져갔다. 큰 며느리도 아닌 둘째 며느리가 어머니 두 분을 극진하게 챙겨줬다며 동네가 떠들썩했단다.

  십여 년이 흐른 후, 할머니가 우리 집에 계신 동안 엄마가 사드린 할머니의 금반지가 소리소문없이 사라졌다. 사방을 뒤졌지만, 금반지의 행방은 알 수가 없었다.

  아빠는 대번에 엄마를 범인으로 지목했다.

  "니 어무이 지갑 안에 돈하고 금반지 있는 거 가져갔나?"

  황당해하는 엄마를 범인으로 단정 지은 아빠는 차마 입에 못 담을 욕을 하면서 엄마를 몰아붙었다. 엄마는 반지가 도대체 어디로 간 거냐면서, 억울해했고 자신을 의심한 아빠에게 화를 냈다. 불같이 화를 내는 아빠와 덩달아 화를 내던 엄마 사이에서 나는 입을 다물고 있을 수밖에 없었는데, 이유인즉 범인은 나였기 때문이다.

할머니가 돌아가신 후 가족들이 전부 모인 자리에서 다시 반지 얘기가 나오면서 분위기가 살벌해졌다. 그래서 내가 말했다.

"그만 좀 해라! 할매 반지 내가 다 팔아먹었다."

사실이었다. 지금 신랑하고 연애할 때 데이트할 돈이 없어서 할머니 반지를 판 돈으로 데이트를 했다. 누구나 철없던 시절은 있다. 나는 좀 그 기간이 길었을 뿐. 다행히 그때 그 남자와 결혼해 잘살고 있다는 게 유일한 변명이 되어 주었다.

아빠가 엄마를 몰아붙여서 세상 억울하게 만들었지만, 사실 아빠는 그럴 자격이 전혀 없는 사람이었다.

"아무리 돈을 벌어도 애들 교육비하라고 돈 10원을 안 주고 지 혼자 다 썼다. 그래서 내가 안 해본 일이 없었다."

그랬다. 일평생 가정을 돌본 건 엄마였다. 어렸을 때 나는 왜 우리집은 왜 한 사람만 이렇게 고생을 해야 하나 싶었다. 엄마가 너무 바쁘고 힘든 걸 보고 컸던 탓이다. 기억 속 아버지는 돈을 벌어다 준 사람이 아니라 사고를 치는 사람, 빚을 져 오는 사람이었다.

빚 독촉 전화가 잦아지면서
전화 받는 일에 노이로제가 걸릴 정도였다.
온종일 빈 집에서 어린 내가
그 전화를 모두 받아야 했다.

종일 독서실에서 살았던 오빠, 새벽부터 밤늦게까지 일하는 엄마는 늘 집에 없었다. 빈집에 들어와 혼자 있는 시간 내게 수시로 말을 걸어오는 사람은 다름 아닌 채무자들이었다. 수시로 전화벨이 울려서 받아보면 하는 말이 똑같았다.

"어른 안 계시나?"

엄마는 파출부에 인력센터 다니면서 단돈 몇만 원이라도 벌어 오려고 그렇게 다니는데 아버지는 만날 소식도 없고 집에 들어오지도 않다가 겨우 들려오는 소식이 빚 독촉 전화라니. 원망스럽고 화도 났다. 빚 독촉 전화가 잦아지면서 전화 받는 일에 노이로제가 걸릴 정도였다. 온종일 빈 집에서 어린 내가 그 전화를 모두 받아야 했다.

한 번은 집에 도둑이 들어서 돈을 훔쳐 간 일이 있었다. 아빠 바지 안에 그때로써는 거금이었던 30만 원을 들고 도망갔던 도둑이 혹시 집에 더 큰 돈이 있을까 싶어 다시 찾아왔다가 엄마와 마주쳤다. 세상 무서울 게 없었던 엄마는 도둑을 보자마자 냅다 쫓아갔지만, 도망친 도둑이 집 뒤에 배수지 쪽으로 철조망을 뛰어 넘어가는 바람에 잡지는 못했다.

"내 바지 어딨노?"

엄마는 집에 훔쳐 갈 게 없으니 당연히 아무것도 가져가지 못한 거로만 알았는데, 아빠의 바지 안에 든 현금다발을 훔쳐 간 걸 알고 기가 막

했다고 한다. 바지 주머니에 30만 원씩 넣어 다니는 사람이 집에는 돈 한 푼 안 갖다 줬다면서 말이다.

"자기 자식에 대한 욕심도 없고 그냥 오로지 자기 인생만 살다 가려고 해."

아빠 얘기만 나오면 하는 말이었다.

남천동 시장의 전설

그런 와중에도 엄마에게는 사업 수완이 있었다. 쌍둥이 외삼촌 중 형숙외삼촌이 외항선을 타서 보내준 돈이 있었는데, 외삼촌네 외숙모가 그 돈으로 남천동 아파트를 사려고 하는 걸 엄마가 남천동에서 가게를 하자고 권했다. 막상 장사를 시작하니 외숙모는 힘들어 못 하겠다며 일찌감치 그만두고, 엄마는 혼자서 가게를 꾸려나가면서 외삼촌네에서 빌린 돈을 모두 갚았다. 그렇게 시작한 장사를 20년이 넘게 이어갔다.

남천동은 부자 동네였다. 남천동 해변시장은 어시장으로 유명했다. 앞에는 활어횟집, 뒤에는 생선이며 채소, 반찬 파는 가게들이 모여 있었는데, 다들 날생선을 팔았다.

그런데 엄마는 날생선 대신 말린 생선을 팔았다. 날생선을 사가서 씻은 후에 말려야 하는 번거로움을 해결해 준 것이었다. 엄마가 말린 생선을 팔자, 다른 집 단골들도 한 명씩 엄마 가게로 와서 단골이 됐다. 그러니 다른 집에서도 엄마를 따라서 말린 생선을 팔기 시작했다. 어느새 남천동 시장은 날생선이 아닌 말린 생선을 파는 시장으로 바뀌었다. 엄마가 남천동 시장의 풍경을 바꿔놓은 셈이었다.

특히 엄마는 생선을 말릴 때 남들보다 특히 더 신경을 썼다. 납세미라는 생선을 제일 많이 말리셨다. 납세미는 일본 말로 호시가리라고 해서 제일 비싸고 맛있는 가자미 생선으로 정평이 나 있다. 엄마는 이 호시가리를 하루 몇 상자씩 사서 비늘에 친 다음에 가게 뒤에 그물에다 생선을 널어서 말렸다. 같은 말린 생선이라 해도 엄마가 정성 들여 말린 생선은 잡내도 없고 깨끗해서 맛이 있다고 남천동 부잣집 사모님들의 고급 반찬거리로 앞다퉈 사 간 것은 모두 그런 이유 때문이었다.

워낙 장사가 잘되었기에, 명절에는 나도 가서 일을 도와야 했다. 큰애가 4살이 될 때까지 가게에 가서 일을 도왔다. 그때까지만 해도 남천동에 가게를 2개나 늘릴 정도로 장사가 잘되었고, 명절에는 생선 판 돈이 얼마나 많았던지 밤새 돈을 세느라 꼬박 밤을 세웠다.

돈을 좀 벌게 되자 엄마는 가장 먼저 내게 500만 원을 주셨다.

"니 이거 쓰면 절대 안 된다."

큰애 임신 중에 아직 태어나지도 않은 손자의 학자금이라며 챙겨준 돈이었다. 언제 이런 목돈을 줄 수 있을지 모르겠다 싶으셨던 걸까. 22

년 전, 혹여나 태어나지도 않은 손주의 등록금이 모자랄까 싶어 내게 그 돈부터 챙겨주셨던 엄마. 엄마 자신이 원 없이 해보고 싶었던 공부를 행여나 자식이, 손주가 하지 못할까 그것부터 챙긴 엄마가 고맙고도 안쓰러웠다.

인생을 바꾼 드라마 한 장면

고등학교 시절, 나는 그리 모범적인 학생은 아니었다. 부산에서 두 번째로 좋은 상고에 들어갔는데, 막상 학교에 들어가니 내가 예상했던 것과는 전혀 달랐다. 교복이 없는 학교여서 지원을 했지만, 막상 들어갔더니 교복이 생겨서 원치 않던 교복도 입어야 했다.

어쨌든 1학년은 분위기 파악한다고 그냥저냥 다니다가, 2학년 때 선배들, 친구들과 어울리면서 대형사고를 쳤다. 당시에는 퇴학 얘기까지 나왔던가. 엄마가 수습한다고 학교발전기금을 좀 내셨다는데, 한참 시간이 지나고 난 뒤에야 그걸 알게 됐다.

징계를 받은 후 하루는 학교 도서관에서 벌을 서고 있는데, 도서관 사서가 벌을 서는 학생들을 대놓고 무시했다. '너희들은 문제아 들이고 갱생이 어렵다'라는 내려다보는 듯한 시선, 그런 시선으로 철창 안 원숭이를 보듯이 우리를 쳐다보고는 휙 지나쳐 갔다. 그 시선이 가시처럼 박혀서 나는 어떻게든 이 학교를 빨리 벗어나야겠다고 결심했다.

한데, 취업담당 선생님이 "너는 우리 학교에서 1등이 되어도 취업이 안 된다"는 말을 대놓고 했다. 기가 막혔지만 포기 대신 오기가 생겼다. '좋다, 어디 두고 봐라. 내가 공부 잘하는 애들보다 더 빨리 취업해서 나간다' 이 생각 하나로 딱 3개월 동안 딸 수 있는 자격증을 전부 다 땄다.

그리고 그해 가을에 신문이라는 신문은 다 뒤져봤다. 그땐 인터넷도 없고 아무것도 없을 때니까 신문에 난 광고를 찾아보는 수밖에 없었다. 광고 박스가 좀 크면 회사가 크겠구나 싶었다. 그렇게 박스가 좀 크고, 광고 내용이 제대로 돼 있는 데만 집중 공략해서 이력서를 100통 정도는 보낸 것 같다.

이력서를 보고 몇 군데서 연락이 왔다. 그중 하나가 부산 사하구 부평에 있는 자동차 시트 공장이었다. 가나안상사라고 회사 이름대로 사장님이 독실한 기독교 신자였다. 이력서에 "빛과 소금이 되겠다"는 문구를 적은 게 효과가 있었던지 사장이 나를 보자고 했다. 그렇게 면접을 보고 입사해서 9개월 정도 직장생활을 해봤다.

엄마는 그때 "니가 인제 사람이 되어간다" 하셨다. 착실해져 가는가 보다 싶어서.

그때는 회사 끝나면 집에 와서 엄마 일을 좀 도와주고 TV 보다가 자고 또 다음날 회사 가는 게 일상이었다. 그러던 어느 날 TV를 보다가

번뜩 가슴 속 열정에 불이 붙는 일이 일어났다. KBS1에서 9시에 하는 일일연속극을 보고 있을 때였다. '당신이 그리워질 때'라는 아직도 기억나는 드라마 제목. 주인공으로 분한 입술이 두툼한 박지영이라는 배우가 연기했던 역할이 인테리어 디자이너 실장이었다.

인테리어 회사 디자이너 실장인 이 여주인공은 내가 선망에 마지않던 무쏘 신차를 타고 다녔다. 공사장 앞에 차를 세우고 커다란 도면을 옆에 딱 챙겨 들고는 차에서 내려 공사장을 누비는 모습. 도면을 옆구리에 끼고 안전모를 쓴 채 인부들한테 거침없이 지시하던 당찬 모습에 눈을 뗄 수 없었다. 그녀 주위를 둘러싼 남자들이 박지영의 한 마디에 전부 움직였다.

'뭐 저런 직업이 다 있노?' 내 가슴에 불이 일었다. '그래, 난 이제부터 이 회사 때려친다. 난 저거를 할 거다' 그랬다.

그 일이 있고 난 뒤 엄마한테 내가 그동안 갖다 줬던 돈을 전부 돌려달라고 했다. 이제 나는 저 여자가 하는 '저거'를 할 거라고. 그랬더니 기가 찬 얼굴로 엄마가 말했다.

"니 언제 인간 될래? 인간 좀 돼라."

난 돈을 안 줄 건가 보다 싶었지만, 아랑곳하지 않고 학원을 알아봤다. 설계나 디자인, 건축 계통으로는 주변에 하는 사람이 전혀 없었다. 집안에도 관련 직종에 종사하는 사람이 없고, 주변에 뒤져봐도 아는 이가 없었다. 그래서 어떻게든 신문이나 책을 뒤져보면서 찾았다. 그

'뭐 저런 직업이 다 있노?'
내 가슴에 불이 일었다.
'그래, 난 이제부터 이 회사 때려친다.
난 저거를 할 거다.' 그랬다.

중에 역사가 가장 깊다는 디자인아카데미를 하나 찾았다. 양장 패션디자인과 건축에서 캐드를 배우는 인테리어디자인, 두 개가 굉장히 유명했다. 이것저것 재보지도 않고 곧장 학원에 등록했다.

예체능 쪽이어서인지 예상보다 학원비가 엄청 비쌌다. 처음에는 벌어놓은 돈으로 몇 개월 다닐 수 있었지만, 곧 모아놓은 돈이 동이 날 판이었다. 학원비뿐만 아니라 사야 할 교재나 재료비도 만만치 않았던 것이다. 돈은 점점 바닥을 드러내고 있었고 마음이 조급해졌다. 안 되겠다 싶어서 학원을 다닌 지 6개월 후부터 낮에는 아르바이트를, 저녁에는 학원에 가는 생활을 했다.

사람은 어려울 때 도와준 이를 잊지 못하는 법이다. 그때 아르바이트하면서 만난 사장님을 지금도 잊을 수 없다. 부산 중앙동에 있는 작은 인쇄소 사무실이었는데, 따지고 보면 그 사장님도 나하고 4살밖에는 차이가 안 났다. 사장님은 아버지 가업을 승계받아 일찍 사회에 나온 경우였다. 나도 어렸지만, 사장님도 어린 나이였다. 그런데도 낮에는 일하고 저녁에는 공부하는 날 진짜 동생처럼 아끼고 배려해 주셨다.

업무라고 해봤자 전화 몇 통 받고 사무실 지키고 겉으로 보이는 청소 조금 하는 게 다였다. 아침 9시부터 5시까지 사무실 지키는 일이었는데, 그 정도만 하고도 월급을 60만 원씩 줬다. 그렇게 받은 아르바이트비로 학원비를 내고 재료를 샀다. 낮에는 일하고 밤에 공부하는 내 생활을 알게 된 사장님은 공부하느라 힘든데 맛있는 걸 먹어야 한다며 점심때만 되면 중앙동과 남포동 일대 맛집을 두루 데리고 가주셨다.

  고마웠던 사장님. 지금은 연락이 닿지 않지만 언젠가 꼭 한 번 뵙고 감사함을 전하고 싶다.

서울에서 배운 것들

  아카데미를 졸업하고 나서 부산에 취직한다고 돌아다녀 보니까 이 직종이 정말 보수적이라는 걸 알게 됐다. 기술을 가르쳐 준다는 명목으로 월급도 아주 작았다. 회사에 취직해서 받은 첫 월급이 30만 원 남짓이었다. 학원 다니며 받았던 아르바이트비보다 적은 돈이었으니, 얼마나 황당했던지.

  그렇다면 부산이 아닌 다른 새로운 도시에 가서 일자리를 찾아볼 필요가 있지 않을까. 그런 생각으로 창원으로 오게 됐다. 그때가 22살이었다.

  창원에 오기 전에는 사업을 해보겠다고 뛰어들었다. 같이 학원 다니던 친구와 합이 맞아서 같이 사무실을 내보자 해서 둘이서 창업을 한 것이었다. 우리 생각에는 고객만 찾으면 된다, 고객만 있으면 일은 잘 해낼 수 있다고 자신하면서 광고만 잘하면 된다고 단순하게 생각했다.

그런데 학원만 졸업한 어린 친구들이 어디서 일을 따올 수 있었을까. 역시나 두 달 하고 쫄딱 망했다.

지금도 인테리어 공사를 맡길 때는 인맥으로 학연, 지연 통해서 하는데 그때는 더 심했다. 우리는 건설 현장마다 찾아가서 발품 팔아가면서 소장들한테 이런 일을 한다고 광고를 했지만 누가 뭘 믿고 어린 친구들에게 맡기려고 했을까. 천지 분간을 못 하고 불굴의 의지로만 시도했던 첫 사업이었다. 모르니까 용감했다.

두 달 만에 쫄딱 망한 후, 친구는 서울로 가고 나는 창원으로 와서 취업했다. 창원에서 취업할 때 창업도 해봤겠다, 일을 아주 안 했던 건 아니었으니 나 자신을 경력직으로 자기소개서를 썼다. 고객 의뢰를 받아서 설계도 해봤기에 경력 1년은 된다고 쓴 거다. 경력 1년을 썼더니 페이가 80만 원으로 확 뛰었다. 부산에서는 초급 30만 원, 창원에서는 경력직 월급 80만 원. 월급이 두 배 이상 뛰었으니 내 예상이 적중한 셈이었다.

창원은 중앙광장에 롯데백화점과 마트를 짓고 주변 일대가 건설 붐이 한창 일어날 때였다. 처음 창원에 와서 작업한 게 동성올림픽 7층 일식집 공사였다. 전통 일식집 컨셉이었는데 다다미방 공사를 했다. 첫 현장이니 얼마나 우왕좌왕했을까.

어쨌든 공사는 잘 마무리됐지만 사장이 나를 불러서 "공사 맡아서 한다고 고생 많았다. 근데 너 경력 없었지?"라고 물었다. 그러면서 덧붙인 말이 "근데 내가 너 하려는 의지를 봐서 알고도 그냥 넘어갔다"였다. 나는 멋쩍었지만 웃으면서 상황을 넘겼다. 그때 만난 대표와는 지금도 한 번씩 연락하고 지낸다.

창원에 와서는 1~2년 열심히 잘 다녔다. 그 와중에 같이 창업했던 친구한테서 연락이 왔다. 다짜고짜 한다는 말이 "디자인을 배우려면 서울에 와서 해야 해. 지방에 있으면 절대 안 된다"는 거였다.

'그래, 맞다. 옛말에도 사람은 서울로 보내고 말은 제주로 보내라' 했다. 하면서 나도 가보자 하고 서울로 갔다. 97년도 가을의 일이었다.

이래저래 자리 잡고 취업을 하려는 사이에 IMF가 터졌다. 건설 쪽 회사들이 직격탄을 맞았다. 한순간 줄도산이 나고 하루가 다르게 무너지는 걸 직접 확인했다. 매일매일 점점 더 많은 곳이 셔터를 내렸다. 98년 서울에서 나는 IMF를 정말 피부로 와닿게 느끼고 있었다. 자고 나면 앞에 있던 상가가 문을 닫고 다음 날에는 그 옆 상가가 문을 닫았다. 이래서는 취직도 못 하겠다 싶었다.

희한하게 위기의 순간에 나는 늘 포기보다 오기가 생겼다. 칼을 뽑았는데 썩은 무라도 찔러봐야지 이대로 돌아갈 수는 없다는 생각. 귀향 대신 엄마에게 전화를 걸었다.

"엄마, 내한테 600만 원만 투자해주면 다음에 10배로 갚아줄게."

어느 날 버스를 기다리다 우연히 보게 된 광고 포스터를 보고 한 전화였다. 홍익대 디자인교육원에서 교육생을 모집한다는 내용이었다. 취업이 안 되면 공부라도 하자는 심산이었다.

문제는 있을 곳이 없다는 것. 엄마가 학비를 보내준다 해도 자취하던 친구의 귀향으로 나는 잘 곳을 잃어버렸다. 때마침 두 해 전 결혼한 사촌 언니, 옥이언니가 생각났다. 옥이언니는 서울로 시집을 와서 어린 이대공원 옆 중곡동이라는 동네에 살고 있었다. 둘째가 막 돌이 되기 전이었는데, 형부가 가구점을 물려받아 운영하는 중이었다.

언니는 애 둘 보느라, 아픈 시부모님 모시느라 자영업을 하는 남편 도시락까지 싸주고 틈틈이 가게일까지 봐주느라 눈코 틀 새 없는 하루하루를 보내고 있었다.

"니가 학교 마칠 때까지 우리집에 있으면서 낮에는 애들을 봐주고 저녁에 학교에 가면 되니까 여기 와서 지내라."

옥이언니의 제안에 6개월 정도 그 집에 있었다.

옆에서 본 옥이언니는 참 알뜰하고 현명한 주부였다. 지금도 기억나는 게 일요일 아침에 자는 나를 깨우더니 "옷을 대충이라도 좀 입어봐라" 그러는 거였다. 왜 그러나 싶어서 옷 입고 같이 나서는데 그때 그 동네에 결혼식장이 엄청 많았다.

결혼식을 하면 서울 사람들 반, 지방에서 온 사람들 반이었다. 지방에서 차가 엄청나게 올라왔다. 대형버스들이 몰려왔다가 결혼식이 끝나면 급하게 가야 했으니, 대부분 밥이 갈비탕이었다. 들어오고 나가고 정신없이 바쁜 상황에서 우리도 그들 사이에 섞여 갈비탕을 먹었다.

옥이언니는 신랑한테 받는 얼마 안 되는 생활비를 쪼개 친정엄마한테 용돈도 챙겨 보내고 쌀도 보낸 효녀였다. 그러면서도 일요일마다 나와 애들에게 고기를 먹인다고 부끄러움을 무릅쓰고 결혼식장에 데려갔으니 얼마나 알뜰한 사람이었던가 새삼 존경스럽다. 그때 먹은 갈비탕이 얼마나 맛있었는가 지금도 한 번씩 생각이 날 정도다.

창원에서의 새 출발 그리고 운명적인 전화 한 통

서울에서 홍익대 디자인교육원을 마치고 다시 취업하려 했지만, IMF 여파로 곧바로 취직이 되지 않았다. 기다릴 수 없어 부산으로 돌아왔다. 부산에서는 나만한 경력과 학력은 찾기 어려웠으니 취직이 수월했다. 첫 회사는 LG전자 매장 공사만 전문으로 하는 곳이었다. LG전자 매장이니까 위치만 달라지고 인테리어는 똑같았다.

같은 일을 반복하기에 일은 금방 손에 익었다. 다만, 똑같은 작업만 1년 반을 하니 재미가 없었다. 특히 배울 게 없는 게 문제였다. 그때부터 인테리어업의 특성상 한 회사에만 있어서는 발전이 없겠다 싶어 여러 회사에 다니기 시작했다.

보통 인테리어 공사는 두 달, 석 달 만에 끝난다. 길어도 석 달이면 현장이 끝나는데 다양한 현장을 배우려고 계속 회사를 바꿨다. 인테리어는 업종마다 설계부터 자재 모든 게 다 다르고 프로젝트마다 배울 내용이 무궁무진하다. 그러니 배우는 재미에, 공사를 하나라도 더 해보고 싶은 욕심에 3개월마다 회사를 옮겼다. 배울 거 다 배우면 또 다른 회사로 옮겨 다니며 다양한 공사를 경험할 수 있었다.

큰 공사들 위주로 네다섯 개 회사를 돌고 나서는 본격적인 프리랜서 작업을 시작했다. 여러 곳에서 다양한 일을 하니까 주변에 아는 사람들이 많아졌다. 프리랜서로 설계도 하게 되면서 도면만 의뢰하면 도면만 해주고 현장만 봐달라면 프리로 현장만 봐주는 식의 작업을 이어갔다. 그렇게 프리랜서로 일을 하다가 스물여덟 살에 창원에서 결혼했다.

결혼 후에는 프리랜서 일을 접고 취업을 했다. 그때가 창원 상남동이 막 개발을 시작하는 시기였다. 덕분에 비교적 큰 건설회사에 들어가 여러 가지 대규모 공사를 경험했다. 병원, 모텔처럼 규모가 큰 공사에서는 세부공정이며, 작업방식 등 배울 게 많았다. 건축회사에 다니면서 첫 아이를 낳고 둘째를 낳기 직전까지 근무하고 일을 그만뒀다. 큰애 출산 후 1년쯤 지나고 보니, 창원의 건설 붐도 어느덧 잦아들었고 나를 찾아주는 사람도 더는 없었다.

 어느덧 전업주부가 되어, 무언가를 시작하기에는 두렵기도 했다.

 그때 GM대우에서 연락이 왔다. 이전 회사의 아는 부장님이 GM대우에 들어갔다가 공사를 보니까 인테리어 쪽이라 나한테 연결해 준 거였다.

 아직도 기억나는 게 그날은 오빠의 둘째 아들이 100일이 되어 가족끼리 모인 날이었다. 올케언니가 대구 친정에 와 있다는 말에 나는 나와 엄마를 모시고 큰애를 태워 대구로 갔다. 오랜만에 식구들이 모이자 흥이 났다. 사돈어른, 엄마, 올케언니와 나까지 합세해 고스톱을 쳤다.

 웬일로 내 패가 너무 좋아서, "고!"를 연발하던 상황. 오늘 뭔가 잘된다 싶던 와중에 받은 전화가 GM대우 총무부 담당자 전화였다. 상황이 급했던지 그날이 일요일이었는데도 내게 전화를 해, 다음날 월요일 아침에 보자고 했다. 냉큼 "네, 알겠습니다" 했다.

 내 사업의 시작을 알리는 예고편이었을까. 그날 판돈을 내가 다 땄다.

 창원으로 돌아와 월요일에 GM에 갔다. 약국 겸 보건실을 만드는 일이었다. 이것저것 요청사항에 "알겠습니다" 하고, 설계도면을 만들어서 보여줬다. 당시만 해도 도면은 2D에 흑백이 일반적이었으나, 나는 컬러링을 해서 가져갔다. 2D 도면에 컬러링 작업을 한 설계도를 보여준 사람은 내가 처음이었을 테니, 인상이 좋았던 모양이다. 당장 계약을 하자고 했다.

"사업자등록증 있으시죠?"

"아…. 곧 전달 드릴게요."

계약하자며 사업자등록증을 달라는데 집에서 놀던 내가 그런 게 있을 리 만무했다. 사무실에서 나와 그 길로 세무서로 갔다. 한데, 사업자등록증 신청서류를 작성하다가 상호를 적는 난에서 막히고 말았다. 갑자기 생각하려니 뭘 해야 할지 도통 감이 잡히지 않았다.

일단은 집으로 돌아가서 더 생각해보기로 하고 일보 후퇴했다. 늘 그렇듯이 막히는 게 있을 때는 오빠에게 먼저 전화를 걸었다.

"미테리어 어때? 김영미에서 미, 인테리어에서 테리어를 따서."

역시 머리 좋은 오빠답게, 이름도 끝내주게 지어줬다. 미테리어. 곱씹어 볼수록 이만한 이름도 없었다. 우리는 지금껏 오빠가 지어준 상호를 쓰고 있다. 수재 소리를 듣고 자란 오빠가 탁월한 기획력으로 대기업 임원 자리에까지 간 게 확실히 우연은 아니었지 싶다.

오빠가 지어준 미테리어 이름을 갖고 다음 날 세무서로 가서 사업자등록증을 신청했다. 그때가 2007년이었다.

미테리어라고 사업자를 내고 GM대우 안에서만 거의 1년을 일했다. 그렇게 1년 동안 번 돈으로 2008년 4월 10일 법인을 만들었다. 사실 법인을 만들기 위해서는 출자금 등 기타 비용이 들기 때문에 쉬운 결정은 아니었다. 하지만 인테리어업 특성상 바쁠 때는 매출이 어느 정도 나오다가도 일이 없을 때는 유지가 어려울 정도로 매출이 줄어들기에, 어떻게 하면 사업을 안정 궤도에 올려놓을지 고심하다가 내린 결정이었다.

법인 설립은 관급공사를 따기 위한 준비작업이었고, 관급공사로 안정적인 매출을 내보자던 내 예상은 이번에도 적중했다.

엄마를 창원으로

그 무렵 엄마를 창원으로 모셔오게 됐다. 사실 그전에 큰 사건이 있었다. 아버지가 금전사고를 대차게 터트린 거였다. 아무튼, 아빠가 친 사고를 수습하려고 엄마는 남천동에서 하던 장사를 접을 수밖에 없었다. 그때 엄마가 받은 충격이 클 거라 예상한 나는 엄마 혼자 계시면 안 되겠다 싶어서 둘째 임신한 그즈음 엄마에게 창원으로 오시라고 설득했다.

내 예전 사무실 옆에 반지하 문방구가 하나 있었는데, 자세히 보니까 별로 할 일도 없어 보이고 비는 시간이 많아 보였다. 내가 본 문방구 아줌마는 아침에 잠깐 문을 열었다가 아이들이 학교에 있는 동안에는 집

"내가 공부를 안 하고 엄마가 진짜 초등학교만 나왔더라도
경남이 떠들썩했을 거고, 중학교만 나왔어도 대한민국을
흔들었을 건데. 그런 엄마가 공부를 못하고
내가 공부를 한 게 아쉽다."
외삼촌이 3년 전 한국에 오셔서 마지막으로 내게 해준 말이었다.

에 들어가서 쉬다가 하교 무렵 다시 나와서 문 열고 장사하다가 들어가는 매우 조용한 일상을 보내고 있었다. 이 정도 소일거리면 된다, 싶었다.

아이들을 계속 만나니까 잡생각이 덜 할 것이고, 물건 계산을 계속해야 하니 치매 걸릴 위험도 없겠다 싶었다. 한창 사업으로 바쁠 때였으니 우리집 애들도 봐주시고 소일거리도 있으니 아예 창원으로 옮기시라고 적극적으로 설득해 2008년 엄마가 창원으로 오시게 됐다.

다행히 사업이 커지면서 딸을 100일이 딱 지난 후부터 어린이집에 보내야 했는데, 엄마가 오셔서 나의 빈자리를 채워주셨다. 낮에는 문방구 일을 보고 둘째가 어린이집이 끝날 때쯤 데리러 가서 내가 퇴근할 때까지 큰 애와 둘째를 봐주시는 일을 수년간 대신해주셨다.

따지고 보면, 나도 어릴 때 엄마하고 떨어져 지냈는데 딸도 나와 비슷한 시기부터 떨어져 지내게 하고 말았다. 아들은 낳아서 두 돌까지라도 봐주었지만, 딸은 그러지 못해 짠한 마음이 크다. 아이가 어떻게 자라는지 기억도 하지 못할 정도로 시간은 빠르게 가버렸고, 그사이 부쩍 자란 작은 딸은 운동선수로서 외롭고 힘든 시간을 잘 이겨내고 있다. 2주는 집에서 2주는 대회장에서 지내는 딸에게 잔소리를 늘어놓다가도 어느 순간 그게 꼭 내 어린 시절 모습이겠거니 싶어 애틋하고 믿음직스럽기만 하다.

그러고 보면 엄마가 살아왔던 삶이나 내가 살아가는 모습이나 데칼

코마니처럼 닮아 있어서 삶도 유전이 되는 건가 싶다. 나와 똑 닮은 딸도 나처럼 굉장히 독립적인 걸 보면 딸의 삶은 또 나와 얼마나 겹쳐질지 조금은 기대가 되기도 한다.

엄마는 창원에 와서 상남중학교 앞에 있는 틴틴문구라는 문방구를 하셨다. 사실 문방구 일이 내가 본 것처럼 쉬운 일은 아니었다.
"상남동 통장이 와서 하는 말이 자기는 하다가 지쳐서 그만뒀는데, 나이 들어 뭐하러 이걸 하겠다고 했는교 묻더라."
엄마는 문방구에 할 일이 얼마나 많은지 아느냐면서, 상남동 통장의 말을 내게 들려줬다. 말은 그래도 산전수전 공중전까지 다 겪은 엄마한테는 그렇게 힘든 일은 아니었던 것 같다.
문방구를 하면서 학생들을 계속 상대했던 엄마는 딱 보면 될 놈, 안 될 놈이 보였다고 하셨다. 가정형편은 어려운데, 엄마 눈에 '될 놈'은 하나 사면 두 개를 얹어주고 이것저것 챙겨도 주신 모양이었다.
간혹 길거리에서 혹은 상점에서 엄마의 어린 손님을 마주치는 일이 있다.
얼마 전, 엄마와 식당에 갔을 때도 그랬다.
"할머니, 안녕하세요."
키 크고 허여멀겋게 잘생긴, 아이돌급 아르바이트생이 친근하게 다가와 인사를 하는데, 보통 손님에게 하는 것과는 달랐다.

"저 알아요?"

엄마가 어색하게 물으니, 학생이 말했다.

"틴틴문구 할머니시잖아요."

그제야 친구를 알아본 엄마가 반갑게 이것저것 물으며 좋아하셨다. 나중에 들으니 집안 형편은 어려웠지만 '될 놈'이라며 특별히 챙겨줬던 아이 중 하나였다고 하셨다.

며칠 후 엄마가 그 집 밥이 맛있다며 학생이 있던 식당에 가자고 나를 앞세웠다. 이번에도 반갑게 인사를 하고 밥을 먹었다. 나오는 길에 엄마가 현금 3만 원을 똘똘 뭉쳐 남자애 호주머니에 넣어주셨다. 용돈을 못 주고 온 게 내내 마음에 걸리셨던 걸 그제야 알았다.

엄마는 집이 좀 못 살아도 잘될 놈 같으면 사탕이나 과자도 공짜로 주고, 아니다 싶은 애들한테는 본인 손주처럼 야단도 크게 치셨다. 남 같지 않았던 아이들에게 '꼰대'가 되어 잔소리도 많이 하셨던 엄마. 북한도 무서워 침공을 못 한다는 중2 학생들에게 '어른 노릇'을 제대로 해준 엄마. 엄마가 키워낸 사람은 외삼촌, 오빠, 나 그리고 우리 아이들 뿐만은 아니었던 것이다.

하지만 이 세상에 영원한 건 없다. 시대가 변해 문방구에 오는 아이들의 발길도 뜸해졌다. 학교에서 대부분의 문구류를 제공하게 되면서 더는 문방구가 필요 없어졌다. 틴틴문구를 시작한 지 7년, 문방구를 폐

업하면서 엄마의 한 시절도 종지부를 찍었다.

여성 기업인으로서의 성공

　법인 설립 후에 GM대우에 들어가서 일을 해주는데 GM이 미국으로 완전히 넘어간다는 말이 들려 불안했다. 완전 철수는 아니었지만 한국 GM으로 바뀌면서 GM의 기업구조가 달라지고 예산도 많이 줄어서 하던 공사마저 중단됐다. 거기다 개인사업자였다가 법인으로 바꾸고 등록을 하는 상황에서 타이밍이 맞지 않아 직접 계약 대신 하청으로 작업을 하게 됐다.

　하청일을 하면서 억울한 일을 몇 번 겪었는데 도저히 참을 수 없는 일이 생겼다. 원청업체가 자신들의 전자어음(B2b) 이자까지 우리더러 내달라는 요구였다. 나는 원청업체 이자까지 내면서 해줄 일은 아니다 하고 똥배짱을 부리면서 일을 끊었다.

　내가 일을 할 때는 돈을 벌자는 목적도 있지만 인테리어 공사는 특히 내 자식 같다. 꼭 그게 돈으로만 얘기할 수 없는 게 있다. 어떻게든 일을 따내려고 온갖 눈치를 봐가면서 시키는 대로 다 해가면서 할 필요가 있을까 싶었다. 애초부터 그런 마인드로 시작하지도 않았고. 그래서 억울한 일이 생길라치면 "나는 일 안 합니다, 나한테 일주지 마세요" 했다.

그러던 터에 사업에 물꼬가 트이는 시점이 있었다. 박근혜 정부가 들어섰을 때다. 여성기업인을 위한 창업지원센터를 만들면서 여성기업이 많이 생겨났고 여성기업이 성장할 수 있도록 기회를 많이 줬다. 여성기업으로는 창원에서 0.1%, 인테리어업에서는 정말 손에 꼽을 정도로 귀한 게 이 분야의 여성기업인이었으니, 회사에 봇물 터지듯 일이 쏟아져 들어왔다.

한국여성경제인협회에서도 여성기업에 실적도 좋고 기억에 남는 상호인 우리 회사를 적극적으로 추천해준 덕에 학교부터 시작해 온갖 관급공사들 의뢰가 빗발쳤다. 또 우리 업종에서는 중대 재해나 사고가 잦다. 눈 깜짝할 새에 사고가 빈번하게 나는데, 우리 회사는 18년을 했지만, 무재해 사업장으로 정평이 나 있다. 그만큼 실력과 안전 면에서 자신이 있었다.

법인 설립을 미리 해두어 관급공사 입찰을 하면서 많은 날은 하루에 9개 공사를 수주하기도 했다. 입찰 선정 전화를 받는 도중에 다른 전화로 또 입찰이 됐다고 전화가 올 정도로, 사업에 불이 붙었다. 2018년, 2019년의 일이다. 잠시 어려운 시기를 겪기는 했지만, 사업은 승승장구하여 내가 여성경제인연합 총무를 하는 3년 동안을 제외하면 지금도 주말 없이 계속 현장을 돌리고 있다.

한 번은 큰아들 성훈이가 내가 일하는 모습을 보고 가더니 엄마한테 이런 말을 했다고 한다. "할머니, 와~ 엄마 진짜 대단해요!."

"뭐가 대단해?" 물으니 업체 스물 몇 개가 들어왔는데 전부 남자였고 엄마만 혼자 여자였다면서 그게 참 대단해 보였다고 했단다.

지금도 공사현장에서 실질적으로 일을 다 알고 도맡아 하는 여성리더 업체가 거의 없다. 대한민국 5%도 안 되지 싶다. 남성들 틈에서도 기죽지 않고 당당히 제 일을 하는 엄마가 제 딴에는 자랑스럽고 멋져 보였던 모양이다.

나는 엄마를 닮았다

엄마가 문방구를 그만둘 즈음, 문방구 딸린 주택을 팔고 내가 사는 아파트로 이사를 하셨다. 그때부터 엄마에게는 일종의 하루 루틴이 잡혔는데 그때 잡힌 루틴은 지금까지 지켜지고 있다. 엄마는 매일 아침 나가서 친구분들과 시간을 보내시고 2시쯤이면 우리 집으로 와서 빨래며 살림을 싹 다 해놓는다. 그런 다음, 저녁밥을 해서 함께 식사를 한 후 본인 집으로 돌아가셔서 주무신다.

매일 같은 일과를 보내시던 엄마에게 조금의 변화가 생긴 건 병원에서 받은 암 선고였다. 일마 전 위암 선고를 받고 수술 날짜를 잡은 게 며칠 전의 일이다. 그런데 지난주에 김치를 담근다고 아침부터 김치통을 찾다가 대판 싸움이 났다. 엄마를 아끼는 마음, 엄마가 혹시 잘못되지는 않을까 하는 불안한 마음을 표현할 줄 몰라 덜컥 화를 내고 만 것이다.

사실 엄마는 내 삶의 에너지다. 엄마는 언제나 배반하는 삶에서도 희망을 건져낸 불굴의 에너자이저다.
"그만 하길 다행 아이가."
속상한 일이 있을 때마다 나를 지켜준 엄마의 한 마디.
나는 아직도 크고 작은 고민거리를 모두 엄마에게 털어 놓는다. 마지막에는 꼭 "안 되겠다, 우리 엄마한테 한번 물어봐야겠다" 그렇게 얘기가 정리된다.
얼마 전 내가 차를 박았는데, 하필이면 수입차였다. 수입차를 박았으니 얼마나 돈이 많이 들까 그 생각부터 났다. 그 얘길 엄마한테 했더니 "쓸데없는 소리 마라. 사람 안 다친 것만 해도 어디고?" 하셨다. 그러면서 매번 그렇듯 "니는 우째 그래 운이 좋노!" 하신다. 엄마가 그런 얘길 해주시면 생각이 순식간에 바뀌어 버린다. 맞아. 정작 중요한 건 그거지 하면서 중요하지 않은 일과 중요한 일을 구분할 수 있게 된다.
곧 있으면 수술이다. 엄마는 쓸데없이 서울에 있는 오빠한테 알려서 병을 크게 만들었다면서 잔소리를 하셨다. 또 어느 정도 예상을 하셨다며 담담한 모습이셨다. 외할머니가 마흔 하나에 간암으로 돌아가셨고, 외삼촌 세 분이 간암으로 돌아가셨으니 엄마에게는 올 게 왔다는 기분이었는지 모른다. 하지만 나는 청천벽력 같은 소식에 펑펑 울고 말았다.

 온갖 궂은일을 다 하면서 겨우 돈을 빌려 열었던 남천동 가게. 타고난 머리와 성실함으로 가게를 두 개나 운영할 정도로 장사수완이 있으셨지만 차마 내 부탁을 거절하지 못해 창원에 온 거며, 낯선 곳에서 손주 두 명을 다 키워주고 지금도 내 곁에서 큰 힘이 되어 주시는 우리 엄마. 10원짜리 한 장 허투루 쓰지 않고 단 한 순간도 본인을 위해 살아본 적 없는 엄마. 그런 엄마가 암이라니, 살아만 계신다면 뭐든 해드리고 싶다.
 "엄마, 나한테 바라는 거 있어?"
 "오토바이 타면 직인다. 니 죽고 내 죽는 줄 알아라."
 "내 걱정 언제부터 그래 했다고 그카나!"
 오토바이 타는 게 너무 멋있어서 나도 한 번 타보고 싶다고 한 말에, 아직도 물가에 내놓은 것 같은 딸이 덜컥 오토바이라도 탈까 봐 걱정되신 모양이다.

 "내가 공부를 안 하고 엄마가 진짜 초등학교만 나왔더라도 경남이 떠들썩했을 거고, 중학교만 나왔어도 대한민국을 흔들었을 건데. 그런 엄마가 공부를 못하고 내가 공부를 한 게 아쉽다."

외삼촌이 3년 전 한국에 잠시 들어오셨다가 미국으로 들어가신 후에 돌아가셨는데, 한국에 오셔서 나한테 마지막으로 했던 말이었다.

외삼촌의 그 말을 듣고, 난 엄마를 다시 보게 됐다. 정말 엄마가 공부했으면 우리 역사에 한 획을 긋는 사람이 되었을지도 모르겠다. 하지만 그렇지 않은 엄마의 일생도, 희생으로 점철된 지금의 삶도 나는 더없이 고귀하고 자랑스럽다. 엄마가 있었기에 나와 오빠, 우리의 아이들도 있는 것을 너무나 잘 알기에.

어머니께
드리는 편지

   엄마, 기억해요?

   엄마가 다시 태어나면 공부를 실컷 해보고 싶다고, 또 엄마(외할머니)를 한 번이라도 보고 싶다고 했던 말이요. 그 말이 얼마나 내 마음을 아프게 했던지 내내 곱씹어 생각하게 됐어요.

   그런데 엄마, 생각해보니 엄마는 못 배운 사람이 아니었어요. 어쩌면 우리 중에 가장 많이 배운 사람이었어요. 많이 배우고 가르쳐 준 사람이 엄마였잖아요.

   외삼촌이 마지막에 하셨던 말씀 기억하시죠? "엄마가 진짜 초등학교만 나왔더라도 경남이 떠들썩했을 거고, 중학교만 나왔어도 대한민국을 흔들었을 것"이라고요.

   외삼촌 말처럼 엄마가 공부를 했다면 그 분야에서 한 획을 그었을 거라 믿어요. 하지만 자신을 희생하고 다른 사람들이 공부할 수 있도록 길을 열어준 엄마가 저는 더없이 자랑스러워요. 그것이야말로 '진짜' 배운 사람이 해야 할 일 같기도 하고요.

   엄마가 남포동에서 10년 넘게 미싱을 밟으며 외삼촌을 공부시키신 것, 부산 남천동에서 시장을 바꿔놓을 정도로 열심히 장사하신 것, 창원에 와서 문방구를 하시며 동네 아이들을 가르치신 것, 그리고 지금까지 우리 가족을 위해 헌신하신 모든 것들이 다 교육이었어요.

나는 그런 엄마 밑에서 자란 게 자랑스러워요. 어떤 어려움이 와도 포기하지 않는 법을 배웠고, 남을 배려하는 마음을 배웠고, 정직하게 일하는 법을 배웠어요. 그리고 무엇보다 사랑하는 사람을 위해서는 무엇이든 할 수 있다는 것을 배웠어요.

18년 동안 무재해 사업장을 운영할 수 있었던 것도, 여성 기업인으로서 성공할 수 있었던 것도, 다 엄마가 뒤에서 든든하게 버텨주셨기 때문이에요.

엄마는 제 삶의 에너지였고, 앞으로도 쭉 에너지가 될 거예요. 계절이 바뀔 때마다 엄마 생각이 날 거고, 무슨 일이 있을 때마다 엄마 목소리가 들릴 거예요.

"쓸데없는 소리 마라. 그만한 게 어디고."
"항상 너보다 어려운 사람들에게 베풀고 욕심부리지 마라"
"니는 와 이래 운이 좋노?"

그러니까 수술 잘 받으시고 빨리 나으세요. 아직 엄마한테 들어야 할 이야기가 너무 많아요.

82세가 되어서도 변함없이 에너지 넘치시는 우리 엄마, 너무너무 고맙고 다시 태어나면 엄마가 태양이(나의 딸)로 내게 다시 오길 기도하며 다음 생에서도 꼭 만나요!

엄마, 한없이 사랑합니다.

- 어머니의 위암 수술을 앞두고
딸 영미 드림

충북 영동의 첩첩산중 골짜기 마을에서 자란 소년이 지역 교육계와 언론계를 이끄는 리더로 성장하기까지, 그 뒤에는 99년을 살며 한 번도 화를 내지 않으셨던 어머니가 있었다. 1959년생인 정창훈 대표는 15세에 고향을 떠나 울산 현대중공업에서 용접공으로 시작해 경남대학교 행정학과를 졸업한 후 1987년 영어학원을 창업했다. 28세에 시작한 사업을 통해 30대 후반에는 자신의 빌딩을 건설했으며, 창녕공고 이사장을 역임하는 등 교육사업에도 참여했다. 용접기능사부터 요양보호사, 사회복지사까지 48개의 자격증을 취득한 그는 끊임없는 자기계발을 실천하면서도 《오늘 그대와 동행하고 싶다》 등 여러 권의 저서를 발간했다. 현재 경남매일 대표이사로서 CEO아카데미를 운영하는 등 지역사회 발전에 기여하고 있으며, 어머니로부터 물려받은 "스페로 스페라(나는 희망한다, 너도 희망하라)"의 정신으로 끝까지 포기하지 않는 삶을 실천하고 있다.

스페로 스페라

('스페로 스페라'는 라틴어로 "나는 희망한다, 너도 희망하기를"을 뜻한다.)

경남매일 대표이사
정창훈

정창훈의 어머니 (故)여무임

1926년 경북 상주군 신천리에서 태어나 2024년에 생을 마감한 정창훈의 어머니는, 48세에 홀로되어 반세기 넘게 여섯 남매를 지켜냈다. 그 흔한 큰소리나 야단 한번 없이 가장 먼저 일어나 가장 나중에 잠이 들던 어머니의 포용력은 거친 세상을 버틸 힘이 되어 주었다. 99년의 생을 마감하기까지, 삶 전체가 곧 희망의 다른 이름이었다.

○

　작년 12월 28일, 어머니가 돌아가셨다. 향년 99세. 백수를 누리셨다고들 위로해주지만, 자식 마음이 어디 그러한가. 돌아가시기 전날 밤, 어머니는 우리 육남매를 모두 불러놓고 막내에게 나즈막히 무언가를 일러주셨다. 무슨 말씀을 하셨는지는 모르겠다. 하지만 그 작은 목소리 속에 99년 인생의 마지막 당부가 담겨 있었으리라. 어머니는 그렇게 조용히, 편안하게 가셨다. 화 한 번 내지 않고 살아오신 분답게.

　최근 내가 서산 정씨이고, 내암 정인홍 선생의 직계 손이라는 사실을 알게 되었다. 남명 조식의 최고 수제자로 알려진 분의 후손이라니, 혈기 왕성할 때 알았어야 할 일을 이제야 알게 된 것이다. 늦게나마 조상에 대해 관심을 갖게 되면서 정인홍 선생과 그 후손에 관해 공부해 보고 있다.

　이렇듯 나의 뿌리에 관해 관심을 갖던 차에 어머니와 나의 지나온 인생에 대한 글을 쓸 기회를 얻었다. 부족하나마 몇 권의 책을 냈고, 그중 어머니께 바친 책도 있었으나 본격적으로 어린 시절을 돌아본 일은 없었다. 15살에 집을 나온 탓에 어머니와의 기억이 그리 많지 않은 까닭도 있다.

그럼에도 어머니가 없었다면 나는 어찌 되었을지 상상조차 할 수 없다. 뿌리 깊은 나무가 바람에 아니 흔들리듯, 어머니의 사랑 덕분에 나는 어디서든 흔들리지 않고 살아올 수 있었던 것 같다.

지금부터 어머니 그리고 나의 이야기를 시작해보겠다.

첩첩산중 골짜기 마을의 추억

내 고향은 충북 영동이다. 그중에서도 한참 들어가야 하는 골짜기 마을이다. 영화 《집으로》에 나온 동네 바로 옆 동네가 내가 살던 곳이니, 말 그대로 두메산골이었다. 전깃불이 들어온 지도 얼마 안 됐다고 할 정도로 정말 산골짜기였다.

우리집은 가난했다. 너무 가난해서 중학교 1학년 때 아버지가 돌아가시면서 가족이 뿔뿔이 흩어져야 할 지경이었다. 아버지가 돌아가실 때 나는 열셋, 막내동생은 겨우 다섯 살이었다. 어머니는 48세의 나이에 홀어머니가 되어 그로부터 50여 년을 혼자 사셨다.

따지고 보면 한없이 나약한 게 인간이다. 농사만큼 정직한 일이 없다지만, 자연 앞에서는 아무리 지혜가 있어도 별수가 없지 않은가. 비가 억수같이 온다든지, 와야 할 비가 오지 않는다든지 하는 일은 사람이 어찌할 수 없는 일이니까.

그런 상황에서도 어머니는 소처럼, 아니 소보다 더 부지런히 일하셨다. 새벽 4시면 어김없이 일어나 움직이셨다. 부엌에서 나는 솥뚜껑 소리가 어머니의 하루 시작을 알리는 신호였다.

한국인의 밥상에 담긴 인생 역정과 희로애락을 담은 KBS1 대표 장수 프로그램 《한국인의 밥상》을 오랜 세월 지켜왔던 배우 최불암은 "기억에 남는 건 음식보다는 사람들"이라며, "가장 맛있는 건 가난한 밥상"이라고 했다. 방방곡곡 그가 다니며 봤던 시골밥상 대부분이 어려운 시절, 가족을 먹이기 위해 어머니가 궁핍한 음식 재료를 갖고 지혜를 짜내 만든 것이었기 때문이다. 그는 밥상을 받을 때마다 이 나라가 존재할 수 있었던 것은 이런 어머니들의 지혜 덕분이라고 생각한다고 말했다.

어린 시절, 우리집도 다르지 않았다. 가난한 살림에 6남매를 먹이기 위해 어머니는 온갖 지혜를 짜내야 했다.

하지만 유달리 식탐이 많았던 나는 먹을 것을 찾느라 바빴을 뿐, 정작 어머니의 밥상에는 관심이 없었다. 심지어 어머니와 함께 밥을 먹은 기억도 잘 나질 않는다. 온 가족이 둘러앉아 오순도순 밥을 먹는 대신 허겁지겁 각자의 몫을 먹어치우기 바빴던 그 시절, 어머니는 늘 부엌에서 혼자 끼니를 해결하셨기 때문이 아닐까 한다.

여덟 살 여름이었을까. 그날도 어김없이 새벽 일찍 일어나신 어머니는 뙤약볕이 내리쬐는 한낮에도 밭에서 피를 뽑느라 구슬땀을 흘리고 계셨다.

'엄마는 얼마나 더우실까.'

엄마 생각에 잠시 빠져 있던 사이 "아이스케키!" 하는 소리가 들렸다. 마침 주머니 속에는 어렵사리 모아둔 10원짜리 동전 네다섯 개가 들어 있었다. 망설일 틈도 없이 달려가 아이스케키 두 개를 샀다. 우선 내 몫의 아이스케키에 혀를 대보았다. 달콤하고 차가운 맛에 온몸이 시원해지는 느낌이 들었다. 순식간에 아이스케키 하나를 먹어 버린 후 나머지 하나를 소중히 들고 엄마가 계신 밭으로 향했다. 머릿속에는 온통 엄마가 아이스케키를 받아드시며 환하게 웃으실 모습뿐이었다.

처음에는 조심조심 걸었다. 혹여나 아이스케키가 녹으면 안 되니까. 그런데 8월 한낮의 햇살은 생각보다 강했다. 손에 든 아이스케키에서 조금씩 물방울이 떨어지기 시작했다. 순간 조급해졌다. 뛰면서도 손에 든 아이스케키를 자꾸 쳐다보았다. 하얀 아이스케키가 점점 모양을 잃어가고 있었다.

저 멀리 엄마가 보였다. "엄마!" 소리치며 밭으로 뛰어갔다. 엄마는 내 목소리를 들었는지 듣지 못했는지, 고개 한 번 들지 않고 일에만 집중하고 계셨다. 몇 걸음 남지 않았다. 이제 곧 엄마께 시원한 아이스케키를 드릴 수 있다고 한껏 들떠 있었다.

바로 그때였다. 손에서 뭔가 툭, 하고 떨어지는 느낌이 들었다. 아래를 내려다보니 발치에 작고 하얀 덩어리가 흙바닥에 떨어져 있었다. 아이스케키가 녹아내리면서 마지막 붙어 있던 한 덩어리가 떨어져 버린 것이다. 순간 발걸음을 멈췄다. 나는 황급히 뒤돌아 뛰기 시작했다. 손에는 빈 나무막대만 꽉 쥔 채.

지금 생각해보면 그때의 그 절망감이 얼마나 순수했던가 싶다. 어린 마음에 엄마를 기쁘게 해드리고 싶었던 그 간절함이, 결국 실패로 끝났을 때의 그 좌절감이. 어쩌면 빈 나무막대만 건네 드렸더라도 엄마는 내 마음을 알아주셨을 것이다. 따뜻하게 안아주셨을지도 모른다. 그럼에도 뒤돌아서 가야만 했던 내 마음은 무엇이었을까.

엄마는 내게 절대 화를 내는 법이 없었다. 어떤 짓궂은 장난에도 절대 화를 내지 않으셨다. 시골 사는 흔한 아낙들처럼 아들에게 빗자루를 들지도 욕을 하지도 등짝을 때리지도, 심지어 큰소리 한 번 친 적도 없다.

누군가에게 이런 말을 하면 분명 내가 착하고 순한 아들이었음이 틀림없다고 여길지 모른다. 실상은 반대였다. 한 번은 자다가 일어나서 엄마가 지어놓은 보리밥을 퍼먹은 적이 있다. 다음 날 아침 식구들이 먹어야 할 양식이었는데, 나한테는 그게 전혀 중요하지 않았다. 나한테는 한밤중에 내 배가 고픈 게 세상 제일 큰 문제였다.

아침에 일어나서 보니 역시나 밥통에 밥이 모자랐다. 엄마는 내 짓인 걸 빤히 아시면서도 아무 말씀이 없으셨다. 대신, 남은 밥에 물을 붓고 죽을 끓여 주셨다. 한두 번이 아니었지만, 매번 그냥 넘기셨다. 배고픔은 잘못이 아니었지만, 그 시절 혼자만 더 먹겠다고 밥통에 손을 대는 일은 여러모로 혼이 날 법한 일이었는데도, 엄마는 못 본 척해주셨다.

찬장에 올려놓은 조청을 퍼먹고 뚜껑을 닫지 않아 쥐가 들어간 일도 있었다. 조청은 어느 집에서건 귀한 음식이었는데, 몰래 훔쳐 먹느라 뚜껑 닫는 걸 깜빡 한 탓에 쥐가 들어간 것이었다. 어김없이 아까운 조청을 다 버려야 했다. 엄마는 이번에도 못 본 척해주셨다.

엄마는 알고 계셨을 것이다. 자식을 품 안에 둘 시간이 얼마나 짧은지, 비빌 데 없는 가난한 집 자식들이 세상에서 얼마나 위축될 수 있는지를 말이다. 엄마는 집에서만이라도 따뜻한 보금자리가 필요하다는 걸 본능적으로 아셨던 것 같다.

그런 어머니의 무한한 포용력이 있었기에 우리는 가난해도 따뜻한 어린 시절을 보낼 수 있었다. 하지만 그 평온한 일상도 영원할 수는 없었다. 계절이 몇 번 바뀌고, 내가 중학교 1학년이 되던 해 늦가을, 우리 가족에게 돌이킬 수 없는 일이 벌어졌다.

열다섯, 세상과의 첫 대면

열세 살, 갑작스럽게 아버지의 죽음을 마주해야 했다. 아버지의 죽음과 함께 나의 어린 시절도 종지부를 찍었다. 가난한 살림, 많은 식구 사이에서 나 역시 부모님의 울타리 안에서 지낼 수 있는 날은 중학교 시절까지라고 어림짐작으로 알고 있던 터였다. 이미 형들과 누나들은 각자 부산으로, 대구로 흩어져 자신의 길을 걷고 있었기에 나 역시 세상을 향해 나아가야 했다.

어머니와 어린 막내 동생의 배웅을 받으며 집을 떠나 대구로 가는 버스를 탔다. 추풍령을 지나며 평생 보고 자란 풍경들과 작별해야 했다. 그때는 몰랐다. 추풍령이 내게 평생의 경계가 될 줄 말이다. 충청도를 떠나 경상도로 말투도, 사람들의 성격도, 모든 게 다른 곳으로 가고 있었다.

대구 시외버스터미널에서 내린 순간, 나는 정말로 다른 세상에 발을 내디뎠다는 걸 실감했다. 충청도의 느릿느릿한 억양 대신 빠르고 강한 경상도 사투리가 귀를 스쳤다. 모든 것이 낯설고 빨랐다.

대구에 정착한 내가 처음 입사한 곳은 양말 공장에 들어가는 기계를 만드는 철공소였다. 70년대 여성들이 막 신기 시작했던 반달표 스타킹을 만드는 양말 공장의 기계를 제작하는 곳이었다. 철공소는 보통 내부에서만 작업하는 게 아니어서, 도로가 훤히 보이는 밖에서 작업할 일도 많았다. 알루미늄 그라인딩 작업을 하면 가루가 많이 날리기 때문에 사람이 지나다닐 때는 주의를 기울여야 했다. 특히 여고생이 지나갈 때가 기억난다. 나와 비슷한 또래 여학생들이 교복을 입고 공부하러 가는 모습은 내 마음 한쪽을 저리게 만들었다. 부러운 마음 한편으로 알루미늄 가루가 튈 때, 여고생들이 놀라 도망가던 모습이 아직도 선명하다.

 작은 철공소에서 일을 하면서 문득 큰 회사로 가야겠다는 생각이 들었다. 뭐라도 배우려면 다양한 사람을 만나보는 게 중요하다는 판단이었다. 그렇게 옮긴 곳이 울산 현대중공업이었다. 내 나이 열일곱 살 때였다.
 울산 현대중공업에서의 날들은 내게 인생의 가장 중요한 교훈을 가르쳐준 시간이었다. 바로 '배워야 산다'는 것.
 처음 발을 들여놓은 그 거대한 공장의 모습은 지금도 잊을 수가 없다. 공장을 들어서자마자 느껴지는 압도적인 규모와 웅장함. 끝없이 늘어선 공장들과 웬만한 건물보다 큰 거대한 선박. 그 사이로 작업복을 입은 사람들이 개미 떼처럼 움직이고 있었다.
 현장에는 대학 출신 정직원부터 고졸과 중졸 직원, 2차, 3차 협력업체 직원과 일용직까지 다양한 사람들이 모여 일하고 있었다. 층층이 계급화된 노동자들 사이에서 나는 협력업체에 소속된 청소며 허드렛

일을 하는 가장 말단의 노동자였다. 노동자 대우는 물론 사람 대우도 받기 힘든 상황에서 나는 어떻게든 살아남기 위해서는 조금이라도 더 배워야 한다는 걸 몸으로 체감했다.

'이대로는 안 된다. 뭐라도 특기가 있어야 한다.'

이를 악물고 버티는 와중에 기회가 왔다. 전국에서 중학교를 나온 청소년 중 성적이 좋고, 성실한 학생을 각 시군에서 한 명씩 뽑아 직업훈련원에 보내주는 제도가 생긴 것이다. 전국에서 뽑은 학생들을 서울에 있는 정수직업훈련원이라는 곳에서 공부할 수 있게 해주는 제도였는데, 1년 과정으로 운영되는 직업훈련소였다.

중학교를 졸업한 지 이미 몇 년이 지난 상황이었지만 난 우연히 본 공고를 놓치지 않았다. 서류준비부터 지원까지 모두 준비해 합격일만을 기다렸다. 다행히 결과는 합격. 적어도 1년 동안은 먹고 잘 걱정 없이 기술을 배울 기회를 얻은 것이었다. 그렇게 나는 정수직업훈련원 용접과에서 1년 동안 용접을 배우고 용접 자격증을 취득했다.

정수직업훈련원을 수료한 후 나는 다시 울산으로 왔다. 이번에는 협력업체 직원이 아닌 울산 현대중공업 플랜트사업부에 소속된 정식직원의 자격이었다. 허드렛일만 하던 협력업체 막내가 정식직원이 되어 다시 가게 된 회사는 확실히 남다르게 다가왔다. 예전과는 다른 대우를 받으며 회사생활에서도 조금은 여유를 찾을 수 있었지만, 한편으로는 용접이 아닌 다른 일을 하고 싶다는 마음이 움텄다.

말이 조국 근대화의 기수이지 기능직인 용접공의 업무환경은 열악했다. 전기용접 시 발생하는 온도는 용접방식과 재료에 따라 차이가 있지만, 일반적으로 3,000도에서 6,000도이다. 고온의 불꽃이 튀는 작업을 하다 보면 작업복이 남아나질 않았고, 자칫 정신을 놓으면 다치기 일쑤였다. 얼마나 일이 하기 싫었던지 하루는 구조물을 만들다가 무거운 철을 발가락 위에 떨어트리고 말았다. 실수라기보다 어떻게든 이 일에서 벗어나고 싶어 무의식 중 사고를 낸 것에 가까웠다. 발가락이 터져 피가 흥건해졌지만 대충 약을 바르고 밴드만 붙인 채 일을 계속했다.

하필 그날 어머니가 처음으로 내가 사는 자취방에 오셨는데, 피범벅이 된 발가락을 보여드리게 되어 죄송스러웠다. 어머니는 내게 약한 모습을 보여주고 싶지 않으셨던지, 다친 나를 보고도 별다른 말씀이 없으셨다. 서로 말은 하지 않았지만 각자 울음을 삼켜야 했던 그 순간을 떠올리면 여전히 가슴이 먹먹해진다.

특히 누나가 스물한 살에 결혼하면서 매형이 내게 선물해준 아끼던 BYC 내복을 용접 작업을 하면서 구멍을 낸 사건으로 고심은 더 깊어졌다. 구멍 난 내복을 입고 명절에 고향에 갔을 때, 엄마가 그 모습을 보고 얼마나 속상했을지 생각하면 내 마음에도 구멍이 나는 듯 한쪽이 쓰렸다.

구멍 난 내복을 입고 명절에 고향에 갔을 때,
엄마가 그 모습을 보고 얼마나 안쓰러웠을지
생각하면 내 마음에도 구멍이 나는 듯
한쪽이 쓰렸다.

아끼던 내복이 구멍이 난 것도, 엄마의 마음을 아프게 한 것도 나를 힘들게 했지만 정말 힘든 건 작업 현장이었다. 용접을 하는 작업 현장이 얼마나 열악했던지, 일하러 나설 때마다 지옥으로 걸어 들어가는 듯 좀처럼 발길이 떨어지지 않았다.

절실함으로 매달렸던 영어공부

나는 곧 깨달았다. 내 위치가 조금 바뀌었을 뿐 여전히 그곳은 신분제 사회였고, 대학을 나오지 않은 사람은 사람 취급을 받을 수 없었다.

회사 밖에서는 똑같은 사람이라 해도 회사에 들어가는 입구에서부터 신분의 차이는 극명하게 드러났다. 대학을 나온 사람들은 하얀색 뿔로 만든 명찰을 달고, 머리에는 은색으로 번쩍거리는 알루미늄 안전모를 썼다.

반면 우리 같은 사람들은 천으로 만든 예비군 명찰을 달고, 플라스틱 안전모를 써야 했다. 그 플라스틱 안전모라는 게 참 초라했다. 색깔도 누렇게 바래있고, 모양도 어딘지 어설퍼 보였다. 그러니 하얀색 뿔명찰을 달고 빛이 나는 알루미늄 안전모를 쓴 사람이 그렇게 부러울 수가 없었다.

당장 뭘 할 수 있을까. 그러다 가장 높은 자리에 있는 사람도 쩔쩔매는 사람이 로이드 선급협회의 감독관이나 슈퍼바이저라는 사실을 알아차렸다.

'그래, 영어를 공부하자.'

나는 이것저것 재지 않고 영어공부에 매진했다. 일하는 시간 사이사이 영어단어를 한글로 발음을 옮겨 쓴 메모지를 들고 다니면서 수시로 외웠다. 점심시간 줄을 서서도 "웰트…. 웰드" 하면서 막 떠들고 다녔다.

"마, 니가 공부해가 되겠나?"

주변에서는 잔업 해서 돈이나 벌지, 왜 영어를 공부하느냐고 했다. 그러거나 말거나 나는 매일 영어에 매달렸다. 내 살길이 이것밖에 없다는 듯.

작업에 방해가 되지 않는 시간에는 줄기차게 영어단어를 외웠다. 일할 때도 입으로는 단어가 줄줄 나오도록 수시로 영어를 내뱉었다. 누가 보든 보지 않든, 남의 말은 처음부터 내게 중요하지 않았다.

그런 내 모습을 팀장급 상사분이 보더니 나를 품질보증부로 보내줬다. 3개월 간 김밥으로 점심을 해결하면서 악착같이 생활하며 1980년 6월 15일, 열아홉 살이 되는 날 운전면허 1종을 취득했다.

하지만 품질보증부에서는 나를 잡다한 일을 하는 심부름꾼으로만 생각했던 모양이었다.

하루는 품질보증부 상사인 강 과장님이 날 더러 사무실에서 조금 떨어진 곳에 있는 프랑스 알스톰사 사무실로 가서 귀겐이라는 감독관을 찾아가 검사신청서에 사인을 받아오라는 일을 시켰다. 사무실에서 감독관 사무실까지는 포니 픽업을 몰고 가라고 했다.

검사신청서에 사인을 받아와야 하는데, 당연히 내가 영어로는 소통이 안 되니 연필로 사인할 곳을 표시해서 갔다 오라고 했다. 메모지에는 "똑똑 노크, 기다렸다가 안에서 무슨 소리 들리면 들어가서 미스터 강 원스 사인 히어 플리즈" 하고 사인이 끝나면 땡큐하고 오라는 내용이 적혀 있었다.

사무실 문을 똑똑 두드렸다. 사무실 안에서 내가 이해할 수 없는 이상한 소리가 들렸고, 나는 미소를 잔뜩 지으며 방으로 들어갔다. "하와유" 하고, 감독관 책상 앞에 서서 메모지를 보면서 "사인 히어 플리즈" 하고는 검사신청서를 건넸다.

귀겐이 뭐라고 했지만 내가 이해할 수 있는 수준이 아니었다. 내 입에서 나올 수 있는 단어라고는 '예스'와 '땡큐'가 다였다. 나는 그가 하는 말이 뭔지 몰랐지만 "예스. 예스"라고 대답했다. 그가 내 대답에 웃자, 덩달아 기분이 좋아진 나는 "땡큐, 땡큐!" 하면서 방을 나왔다.

검사신청서에 사인을 받았다. 과업을 수행한 나는 당당하게 과장님께 이 사실을 보고했다.

무엇을 기대했는지 모르지만, 과장은 내게 "귀겐이 너한테 뭐라고 안 하드나?"라고 물었다. 전혀 알아듣지 못한 상황에서도 단 하나 귀에 들렸던 단어가 있었다.

"덤…. 어쩌구 하던데요."

내 대답에 과장이 '덤'이 뭔지 찾아보라고 했다.

문제의 '덤'을 찾아보니, 벙어리, 바보라는 뜻이었다. 외국인이 내게 "너 바보 아니냐?"라고 물은 걸 난 "예스, 예스…" 웃으며 대답하니 본인은 재밌다며 킬킬거리고 웃은 거였다.

하지만 외국인의 '언어의 유희'는 내게 좌절 대신 기회를 만들어 주었다. 난 그날부로 다시는 잔업을 하지 않겠다 마음먹고, 영어책을 손에서 놓지 않았다. 저녁만 되면 일찍 퇴근해서 외국인 사택 근처에서 지나가는 외국인에게 말을 거는 등 더 치열하게 영어를 공부했다. 그러면서 동시에 대학시험을 준비했다.

뜻이 있는 곳에는 길이 있다. 그해 겨울 대학입학시험을 보고 82년 경남 마산에 있는 경남대학교 행정학과 야간에 입학했다. 좋은 성적은 아니었지만, 회사에 다니며 대학을 다녀야 할 형편이었기에 내 처지에서는 대학생이 된 것만으로도 감사할 일이었다.

문제는 일단 합격은 했지만, 직장이 울산이었고 현대중공업 근무는 군 복무를 대신에 하는 방위산업체 근무였기에 그만두면 현역으로 군대에 다시 가야 한다는 데에 있었다. 대학입학도 늦은 시점이었는데, 방위산업체까지 그만두기는 너무 아쉬웠다.

고민하던 차에 나를 좋게 봐주었던 상사 한 분이 적극적으로 나의 이직을 알아봐 주셨다. 몇 분의 도움이 더해져 창원의 방위산업체로 근무지를 옮길 수 있었으니, 나 같이 운 좋은 사람이 또 있을까 싶었다.

우여곡절 끝에 합격한 경남대학교는 다른 학생들처럼 주간은 아니었지만, 나로서는 내심 더없이 기쁘고 자랑스러웠다. 더군다나 합격증을 고향에 보냈을 때 어머니가 여간 기뻐하신 게 아니었다는 말을 전해 들으니 자긍심마저 생겼다. 비록 경남대학교 법정대학 야간이지만, 우리 집에서 대학에 입학한 첫 번째 자식이었으니 얼마나 좋아하셨을까. 어머니에게는 말로 다 할 수 없을 정도로 뿌듯한 일이었을 것이다.

경남대에 입학할 때 내 나이 스물다섯 살. 86년도 졸업할 때까지 낮에는 직장에 다니고 야간에 대학에서 공부하는 일을 4년 내내 병행했다.

평생의 자산이 된 3주의 미국 연수

대학교에 다니면서 가장 기억에 남는 일은 미국 대학으로 떠난 어학연수 3주였다. 대학을 다니면서도 영어공부는 손에 놓지 않고 있던 나는 미국에 도착하자마자 이곳이 내가 살 곳이라고 직감적으로 느꼈다.

능력에 따라 인정받는 사회 분위기, 누구나 노력한 만큼 성공할 수 있다는 아메리칸 드림에 한발 다가선 나는 한국으로 돌아가기는 죽기보다 싫었다. 그토록 원하던 대학 졸업을 한 학기 남겨두었는데도, 나는 이참에 미국에 정착하겠다며 한국으로 귀국하기 이틀 전 숙소에서 사라지는 일을 감행했다.

전체 28명이 갔는데, 한 명이 없어지자 아침에 난리가 났다. 함께 간 지도교수가 당황해서 학생들을 모두 불러 모았다.

"정창훈이 어디 갔어?"

아무도 답을 하지 못했는데, 나와 조금은 알고 지내던 동기 하나가 이렇게 답했다고 한다.

"창훈이는 절대 안 돌아올 놈입니다."

1985년, 외국에서 한국 학생이 사라진다는 건 불법체류자 한 사람이 늘어나는 정도의 얘기가 아니었다. 학교에서도 정말 난감하고 민감할 수밖에 없는 상황이었을 것이다.

나는 새벽에 호텔을 나오면서 Garage Sale에서 틈틈이 사 모은 공구 세트 등을 동생한테 전달해달라고 함께 간 김성찬이라는 법대 학생한테 부탁 편지를 남겨두었다. 내가 둘러본 거리 곳곳에는 "용접공 구함, 경력자 우대, 정규직, 많은 보수(Welder Wanted, Experienced Preferred, Full-time position, Good Pay)" 구인 포스터가 붙어 있었고 그중 이미 몇 군데는 전화로 확인을 해 둔 상태였다.

다행인지 불행인지, 한 번 결심하면 앞뒤 가리지 않는 나는 불법체류자가 되더라도 어떻게든 버텨보겠다는 심산으로 숙소를 나갔지만, 이틀째 되는 날 복귀할 수밖에 없는 사정이 생기고 말았다. 바로 내가 가진 전 재산 170불을 흑인에게 빼앗기는 사태가 벌어지고 말았기 때문이었다. 돈을 찾겠다고 하다가 미국 경찰이 오고, 내가 경찰서에 가는 일이 생기면서 나는 어쩔 수 없이 연수를 왔다는 사실을 알려야 했다. 지금 생각해보면, 연수단이 떠나기 전에 전 재산을 빼앗긴 일은 천만다행한 일이었다.

이 사건으로 교수님은 나만 특별히 할리우드 구경도 따로 시켜주면서 달래어 한국으로 데려왔다. 혹시나 또 도망갈까 싶어 특별대우를 해준 것이었다. 그렇게 우여곡절 끝에 한국으로 돌아왔으니 캠퍼스에서 나를 보는 시선이 조금 남달라진 건 어쩔 수 없었.

"미국에서 도망간 놈"이라는 딱지가 붙어 놀림거리가 됐을지언정, 칼을 뽑아 무라도 찔러본 나로서는 그런 수군거림쯤이야 크게 개의치 않았다.

그때는 몰랐지만, 사실 그 3주의 미국 경험이 내게는 평생의 자산이 되었다. 비록 실패한 도망이었지만, 그 경험이 없었다면 영어학원을 시작할 용기도 없었을 테니 말이다.

졸업 후 잠시 기업에 입사해 회사생활을 해보았지만, 여전히 노동자의 생활은 한계가 뚜렷했다. 결국, 내 일을 해보고자 마음먹었던 1987

년, 스물여덟 살의 나는 용호동 명동상가 3층에 작은 영어학원 간판을 달았다.

학원을 시작했지만, 당연히 학생은 없었다. 그때는 칸막이로 나눠놓은 작은 공간이었고, 나는 가진 것 없는 형편에 이제 막 결혼까지 한 상태였다. 졸업은 경남대에서 했지만, 창원대에 영업하러 갔다. 방학 때가 되면 각 대학에서 토플 특강을 하는데, 그 기회를 잡으려 했던 것이었다.

창원대 영문과 교수에게 특강 수업을 달라고 설득을 하는데, 교수가 내게 어느 대학을 나왔냐고 물었다. 나는 "미국에 갔다 왔다"고만 답했다. 거짓말은 아니었다. 경남대학교에 있을 때 어학연수로 3주간 다녀온 것이 전부였지만, 그래도 갔다 온 것은 사실이었으니까.

그런데 이 교수는 내가 미국 대학을 졸업한 것으로 짐작하고는 내가 가본 대학의 학생이 몇 명이나 되는지 물었다. 짐짓 "한 1만 명 될까요?"라고 했는데, 이 교수가 찾아보더니 대학 학생 수가 얼추 9천 명이 넘는 걸 확인하고서는 덜컥 수업을 맡겼다.

덕분에 운 좋게 창원대에서 6개월간 강의할 기회를 얻었다. 약간의 오해가 있었지만, 나로서는 틀린 말도 아니었으니, 일단 강의를 해보고 실력이 없어 나가라 한다면 나가면 된다는 배짱이 있었다.

그렇게 시작한 토플 강의에는 방학 중이라 서울대 학생들까지 수강할 정도로 많은 학생이 들어왔다. 공부 좀 한다 하는 친구들이 게다가

졸업 후 잠시 기업에 입사해 회사생활을 해보았지만,
여전히 노동자의 생활은 한계가 뚜렷했다.
결국, 내 일을 해보고자 마음먹었던 1987년
스물여덟 살의 나는 용호동 명동상가 3층에
작은 영어학원 간판을 달았다.

나와 몇 살 차이도 안 나는 학생들이 내 강의를 듣겠다고 앉아 있었으니, 다리가 덜덜 떨리고 식은땀이 절로 났다.

온몸에 땀을 비처럼 쏟으며 70분 동안 강의를 하고 나면 한 발짝 옮기기 어려울 정도로 힘이 들었다. 낮에는 종일 학원 영업을 하러 다니거나 강의를 해야 했고, 밤에는 강의 준비를 해야 했기에 체력적인 부담도 적지 않았다.

어느 날인가 강의가 끝나고 나오는데 한 학생이 날 붙잡고 "교수님, 뉴스위크나 타임지는 어떻게 공부해야 하나요?" 하고 묻는 게 아닌가.

'나도 모르는데, 뭘 묻나' 싶은 생각이 절로 들었지만 어쩌겠는가, 교수 된 도리로 성심성의껏 답변해줬다.

신이 도왔는지, 한 학기 하고 끝내려던 강의를 학생들의 평이 좋아 한 번 더 연장해달라는 대학 측 요청이 들어왔다. 그때 내 수업을 들었던 창원대학교 학생 중 대기업에 입사한 친구들이 나중에 이런 얘기를 했다고 한다.

"교수님은 영어 실력은 글쎄인데 교수님이 보여준 자신감과 열정이 너무 대단해서 감동을 받았어."

만약 그 교수가 내가 지방에 있는 야간대학을 졸업했다고 했다면 강의 기회는커녕 문전박대를 받지는 않았을까. 창원대 수업을 할 수 있게 해줬던 아이오와대학교 해외연수 프로그램 3주가 내게 일생일대의 큰 기회를 준 것이었다.

연수하면 빼놓을 수 없는 기억이 또 있다. 미국 아이오와주 데모인시에서 3주 동안 머물며 만난 은인에 얽힌 이야기다.

아이오와대학교 어학연수 프로그램에 참석하면서 한인사회에서 성공한 분을 단체로 만나러 갈 기회가 있었다. 태권도장을 운영하는 정우진 관장님, 태권도 그랜드 마스터의 도장을 방문해 수업을 견학하고 관장님의 말씀을 잠깐 듣는 시간이었다.

정우진 관장님은 미국 이민 사회에서는 입지전적인 인물이었다. 한인사회뿐만 아니라 미국과 전 세계 태권도 국제단체에서도 굉장히 존경을 받는 분이셨다. 이야기를 듣는 내내 이런 분을 만나 뵐 수 있게 되어 정말 감사하다는 생각이 절로 들었다. 태권도장을 나올 때 나는 관장님께 명함을 달라고 요청 드렸다. 아무도 명함을 요청한 학생이 없었지만 나는 진심으로 관장님과의 인연을 이어가고 싶었기 때문이었다.

난 단순히 명함을 받는 데서 그치지 않았다. 한국으로 와서 명함에 적힌 주소로 매달 한 번씩 편지를 썼다. 답장을 기다리면서 쓰는 편지가 아니었다. 그분을 마음의 은사로 여기고 나는 이렇게 살고 있으며, 언젠가 미국에 가고 싶다는 내용으로 내 이야기를 적어 보낸 것이었다. 나의 편지는 10년 이상 지속됐다.

변함없이 보내오는 편지에 그분이 감동하셨던 걸까. 97년도 IMF 때

정우진 관장님이 나를 미국으로 초청해 주셨다. 관장님이 태권도 타임스(Tae Kwon Do Times) 회장으로 계실 때였다. 환율이 1700원까지 치솟고 미국으로 가는 비행기에 한국인이 나밖에 없을 정도로 어려웠던 시절이었다.

정우진 회장님은 내가 아이오와주 데모인시의 명예시민증을 받을 수 있도록 주선해 주셨다. 한국에 입국할 때면 전세기를 타고 올 정도로 대단한 분, 태권도장이 얼마나 큰지 내부에 수영장이 있을 정도로 대규모 태권도장을 운영하며 수많은 미국인에게 한국의 기상을 알린 분이 내게 보여주신 진심에 나 역시 크게 감동하고 말았다.

한국인 중 미국의 명예시민증을 받은 사람이 500명이 채 되지 않는다고 하니, 정우진 회장님이 내게 주신 선물이 얼마나 컸던지 인연의 소중함, 또 그 인연을 만들어가는 진실한 마음이 얼마나 대단한 것인지를 새삼 깨닫는다.

세상에 영원한 것은 없다

영어학원 초반에는 강의도 했지만, 학원이 잘 되면서 경영하는 일에 몰두했다. 나중에는 수강생이 몇천 명이 됐으니 상당히 크게 했던 셈이다. 28살에 시작해서 38살에 대방동에 1천3백5십 평, 8층 아카데미

사옥을 짓고, 8년 후인 46살에는 장유에 3천 평짜리 12층 아카데미 건물을 지었다.

그 후에는 창녕공고라는 고등학교를 인수했다. 자칭타칭 내가 경남에서 제일 아름다운 학교로 꼽는 학교다. 학교를 인수하게 된 건 내가 다니지 못한 고등학교에 대한 미련 때문이었다. 창녕공고는 대기업인 기아에서 세운 학교라 기본적인 인프라가 좋았다. 선생님들 아파트가 따로 있었는데, 창녕공고 이사장으로 있는 동안, 나도 같은 교직원 아파트에 머물렀다. 나는 젊은 시절 운이 좋아 돈을 벌기는 했어도, 쓸 줄 모르는 건 여전해서 아파트에서도 겨울에 보일러를 틀지 못했다.

두메산골에서 빈손으로 창원에 온 내가 건물주가 되고 고등학교를 인수해 이사장이 되기까지 돈에 대한 갈증이 없었다고는 말할 수 없다. 남들보다 젊은 나이인 20대 후반에 사업을 시작해 30대 후반에 내 소유의 빌딩을 지었으니 당시에는 얼마나 기뻤는지 근처 산에 올라가 수없이 빌딩이 지어지는 모습을 살펴볼 정도였다. 다 지어진 빌딩에서 며칠 밤을 지새우면서도 즐겁기만 했다.

하지만 지나고 나니 돈이 주는 의미란 기대했던 것만큼 크지 않았다. 돈은 최종적으로 생활을 영위하기 위한 그 이상일 수 없다. 축적과 비교를 위한 부의 기본 단위이기도 하지만, 먹기 위해 돈을 내고 살아가기 위해 돈을 쓰는 게 크다. 내가 낸 돈이 타인의 삶을 지탱하는 자원이 되고, 타인이 먹고 살기 위해 일한 덕분에 내 삶이 유지된다. 어찌 보면 교환의 수단을 넘어 삶의 목적이기도 한 돈은 단지 최종적인 가치에 이르는 다리 역할을 할 뿐이다. 사람들이 다리 위를 지나갈 수는 있으나 그 위에서 살 수는 없지 않은가. 그러니 수단이 목적을 압도할 수는 없다고 나는 믿는다.

물론 자본주의 사회 속에서 돈은 모든 것과 교환이 가능한 데다, 법적으로 보호를 받을 수 있으니 최고의 수단이 되어 버렸다. 돈을 가지고 있다는 건 모든 물건에 대해 소유권을 주장할 수 있다는 뜻이 되고 말았다. 그러니 돈은 자주 목적이 되어버린다.

하지만 건물이 세워지면 자신이 쌓아 올린 그 건물 안에 자신을 가두게 된다. 그 안에 들어가는 순간 더 큰 벽을 쌓고 더 많은 사람을 모아 그들을 가두려 한다. 돈이 많은 일부 사람들이 목적이 되어버린 돈을 지키고 쌓기 위해 편법과 불법을 마다하지 않는 모습을 볼 때면 "돈, 그게 뭐길래" 하는 생각이 든다.

세상에 영원한 것은 없다. 이제는 그 건물을 지나면서 한발 물러선다. 그래야 벽이 사라지고 세상이 내가 되고 내가 세상이 된다는 걸 어렴풋이 알게 된 까닭이다.

창녕공고는 이사장으로 있다가 KNN 강병중 회장님께 넘겨 드렸다. 강병중 회장님이 39년생으로 연세가 많으셨는데, 그 학교를 보고는 정말 좋다며 꼭 본인들에게 넘겨 달라 당부하셨기 때문이다. 창녕에 넥센타이어 공장이 있기에, 창녕공고에서 교육을 시킨 후 회사로 채용하도록 하면 어떠냐는 말에 수긍이 됐다. 좋은 학교를 만들고 싶어 인수한 학교를, 더 좋은 취지를 가진 분들이 운영하는 건 당연한 일이다.

김해시민학교 교장과 자격증 48개에 얽힌 사연

장유에 건물을 지을 때는 돈을 더는 축적하는 용으로만 쓰지는 말자는 생각이 들었다. 사회가 내게 준 만큼 나도 사회에 뭔가를 돌려줄 때가 됐다는 생각이었다.

그래서 그 건물에는 김해여성인력개발센터 장유분원을 개소할 수 있도록 공간제공과 내부시설을 지원했다. 장유에 살고 있는 많은 젊은 여성분들이 본원이 있는 삼계동까지 다니기에 불편하다고 해서 아카데미 빌딩 9층 일부를 사용하라고 한 것이다.

컴퓨터실, 요리실습실, 피부관리실 3개를 모두 시설을 다 해줬는데, 컴퓨터실 조성은 김해시에서 모니터만 지원해주고 그 외 장비는 내가 책임을 지기로 했다.

시설조성이 착착 진행되는 사이 용산전자상가에 주문해 놓았던 컴퓨터실에 놓을 본체가 금요일에 도착했다. 하루 정도 상자째로 뒀도 괜찮겠지 했는데 하룻밤 사이 누군가 다 훔쳐 가는 일이 발생하고 말았다. 개소식을 며칠 앞두고 벌어진 일이었다. 개소식에서 컴퓨터실에 모니터만 있는 모습을 보여줘야 할 수도 있다고 생각하니 아찔했다.

한데, 정말 다행스럽게도 부산진경찰서에서 범인을 잡았다는 연락이 왔다. 빠른 대처 덕분에 사라진 컴퓨터 본체도 모두 회수할 수 있었다.

도난사건으로 정신이 없었던 한편, 김해 YWCA 측에서는 내가 기부한 만큼의 지원을 경상남도에서 일대일 매칭으로 받을 수 있게 되었다고 즐거워했다. 드디어 2007년 6월 28일 장유분원 개소식이 열렸고, 난 김해YWCA 이사장으로부터 감사패를 수여 받았다.

얼마 후 같은 층에 김해시민학교도 설립, 개소했다. 가정형편이 어렵거나 개인적인 문제로 제때 공부하지 못한 청소년이나 나이 드신 분들을 위한 대안학교를 몇몇 자원봉사 선생님들과 힘을 합쳐 운영하기로 하면서 한 번 더 지원하게 된 것이었다.

본의 아니게 시민단체 일에 관여하게 되면서 김해시민학교 교장으로 추대되어 몇 년간 활동도 해보았다. 월급 없는 무급봉사의 일이었지만 보람이 컸다. 그런데도 느낀 건 시민학교 운영도 만만치 않은 일이라는 것. 하지만 그때 맺어진 인연들이 지금도 서로 돕고 소통하는 분들이 있으니, 주고도 준 게 아니고 받고도 받은 게 아닌 게 인생이다 싶다.

 자격증에 대해서도 할 말이 많다. 주위에서는 내가 가진 자격증이 왜 그렇게 많은지 궁금해한다. 지금까지 딴 자격증만 48개에 달하니 그럴 만도 하다. 내가 딴 자격증은 용접기능사, 한식조리기능사, 요양보호사, CPR, 국가공인한자2급, 사회복지사, 평생교육사, 건설기계조종사, 전경련ESG전문가 등 정말 다양하다. 내 성격상 '이거다' 싶으면 어떻게든 끝을 보는 편인데, 자격증을 따고 나면 어느 정도 배웠다 싶어 한 발 물러서게 된다.
 특히 바다에 대한 로망이 있어서 해양활동과 관련된 자격증들을 많이 땄다. 바다가 무섭긴 하지만 바다라는 것이 주는 그 광활함에 매력을 느꼈던 것 같다. 요트 스킨스쿠버 다이버, 모터보트 조정면허까지 바다와 관련된 자격증을 여러 개 보유하고 있다.

 한 번은 가야대학교 평생교육원장으로 재직하던 중 경남학교급식조리사회에서 경남에 있는 학교급식 조리사들의 직무교육을 해달라는 요청을 받았다. 처음에는 거절하려 했지만, 조리사들의 열악한 환경을 전해 듣고서는 그냥 지나칠 수가 없었다.
 단, 강의를 수락하는 대신 스스로에게 약속을 했다. 나 역시 조리사 자격증이 있어야 한다는 것이었다. 그 즉시 요리학원에 등록해 3개월 동안 정말 열심히 배웠다. 52가지 메뉴를 다 익혀야 했는데, 적지 않은 양이었다. 시험 보러 가는 날, 요리사처럼 하얀 요리복을 입고 모자를 쓰고 갔다. 다행히 한 번에 합격했다. 특별히 내가 연습했던 요리가 나와서 운이 좋았다.

그렇게 자격증을 따고 일주일 뒤 직무교육을 했다. 무엇보다 나 자신과의 약속을 지켰으니 스스로가 무척 자랑스러웠다. 그분들 역시 이런 강사는 처음 보았다고 했다. 조리사들 앞에 서기 위해 조리사자격증을 따는 사람은 이제껏 없었으니 말이다. 그때 친해진 조리사 몇 명과는 지금도 연락을 주고받으며 지내고 있다.

가끔 집에서 요리할 때면 와이프가 정말 맛있다고 칭찬해준다. 우리 아들도 맛있다고 하면서 한 마디 더 붙이는 게 "설거지도 깨끗이 하라"고 한다. 맞는 말이다. 요리 안에는 설거지까지 다 포함되어 있으니까.

교수직을 수락하게 되기까지

일평생 낮에는 직장을 다니거나 사업을 하고, 밤과 주말에는 공부하는 일상을 당연하게 여겨왔다. 나라고 고향에 가서 어머니도 뵙고 싶고, 가족들과 놀이공원에 가고 싶은 마음이 없었겠는가. 그럼에도 여유롭고 편안한 시간을 뒤로하고 이토록 치열하게 살아온 까닭은 오로지 어머니와 가족들의 행복을 바라는 간절한 마음 때문이었다. 성공하는 길만이 가족을 지키는 길이라 여겼기에, 편히 쉬는 길보다는 어렵더라도 꾸준히 노력하는 길을 택했던 것이다.

또 학업의 끈을 놓지 않은 덕분에 박사학위까지 취득할 수 있었다. 박사학위 논문 주제는 10년 이상 교육 현장에서 쌓은 체험을 바탕으로 한 '학원규제정책이 학원설립과 운영에 미치는 영향에 관한 연구'였다.
박사학위를 취득한 후에는 대학에서 야간이나 주말강좌를 맡아 강의를 해보고 싶은 욕심이 생겼다. 가르침에 대한 나름의 철학이 정립되어 있었기에, 기회가 된다면 직접 적용해 보고 싶었다.
내가 생각하는 대학교수의 중요한 역할은 네 가지였다.
첫째, 가르침의 역할이다. 교수는 교육자로서 단순히 지식을 전달하는 것이 아니라, 비판적 사고와 문제해결 능력을 길러줄 수 있어야 한다.
둘째, 지식 창출의 역할이다. 기존 지식을 가르치는 것에 그치지 않고, 스스로 새로운 지식을 만들어 내는 신지식인이 되어야 한다. 학문 연구는 개인의 성취를 넘어 학문 공동체와 사회의 자산이 되기 때문이다.
셋째, 인생의 길잡이, 멘토의 역할이다. 교수는 학문적 진로뿐만 아니라 가치관, 윤리관, 삶의 태도까지 함께 고민하고 이끌어주어야 한

교수로서 필요한 역량을 채워가겠다고 다짐하며
열심히 학업을 이어가던 중 예상보다 일찍
교수 제안을 받았다. 가야대학교 행정대학원
사회복지학과 교수 자리였다.

다. '지식을 넘어 사람을 키운다'는 것이 진정한 교육자의 정신이라고 생각한다.

넷째, 공적 책임의 역할이다. 대학교수는 대학의 울타리를 넘어 지역사회, 국가, 나아가 세계와 소통하는 지식인이 되어야 한다.

물론 교수가 되기에는 내가 전공한 행정학이나 정책학만으로는 부족하다고 여겨졌다. 그래서 학점은행제로 사회복지학을 공부하고 관련 자격증까지 취득했다. 행정학과 연계된 과목들을 추가로 공부하는 것은 어렵지 않았다. 사회복지행정학, 사회복지정책학, 사회복지법제론 등은 이미 행정학을 전공한 나로서는 지식의 확장과 다름없었기 때문이다.

교수로서 필요한 역량을 채워가겠다고 다짐하며 열심히 학업을 이어가던 중 예상보다 일찍 교수 제안을 받았다. 가야대학교 행정대학원 사회복지학과 교수 자리였다. 교수의 역할에 대한 나만의 철학이 있었고, 학생들을 가르치기에 부족함 없이 준비해온 터이지만 대학원생을 대상으로 수업을 할 때는 사회복지 현장 경험에 대해 아쉬움을 느끼기도 했다. 이후 김해대학교 사회복지상담학과 학과장과 평생교육원장을 겸직하면서 대학이라는 조직을 좀 더 이해할 수 있게 되었다.

대학에서 강의하는 일은 원래 하던 일이라 어렵지 않았는데, 문제는 학생 모집이었다. 지역대학에서는 학생을 모집하는 일을 교수들에게 일임했다. 특히 학과장이 느끼는 압박은 더 심했다. 학생을 모집하라는, 정원을 채우라는 말을 끊임없이 들어야 했다. 교수로서의 한계를 느끼는 동시에 심한 회의감도 들었다.

  교수직을 수행하면서 열심히 빠져든 것은 글쓰기였다. 우연히 경남매일신문사의 청탁에 응하게 된 글쓰기가 오랫동안 이어지면서 현재까지도 내 삶의 중요한 일과가 됐다. 주 1회 써야 했던 칼럼은 적지 않은 압박으로 다가왔지만, 덕분에 글을 통해 바라보는 세상은 내게 성장의 또 다른 마중물이 되어 주었다. 글의 내용은 변변치 않았겠으나, 신문사 국장이 늘 꼼꼼히 챙겨준 덕분인지 꾸준히 신문에 실릴 수 있었다.

  그렇게 쓴 칼럼들을 모아 여러 권의 책을 냈다. 처음 낸 책은 《오늘 그대와 동행하고 싶다》라는 제목의 수필집이다. 사진을 직접 찍어서 책 표지도 만들었다. 고향 사진으로 채워놓아 지금 봐도 새삼스럽다. 개중에는 어머니 사진을 책에 넣은 것도 있다. 어머니와 한번 사진을 찍자고 해서 급하게 찍은 사진을 책표지 날개에 넣는 저자 소개 사진에 넣었다. 지금은 내가 가장 좋아하는 사진이 되었다.

  2011년에 첫 책을 내고, 2014년에도 책을 냈다. 경남매일에 쓴 칼럼들을 모아서 펴낸 책들이었다. 다른 신문사에도 글을 쓰긴 했지만 주로 경남매일이었다.

  그렇게 칼럼을 줄곧 쓰다가 국장이 신문사에 한 번 방문해 달라는 요청을 받고 가본 적이 있었다. 열악한 신문사 상황을 눈으로 확인하니 영 마음이 쓰였다. 거기다 신문사 재정 상황이 좋지 않다는 말에 돈을 빌려준 게 인연의 시작이었다.

경남매일과 함께한 제2의 인생

알고 보니 대부분 지역 언론사들이 심각한 경영난에 시달리고 있다. 일정 규모 이상의 기업이 후원자가 되어 준다면 재정압박이 덜 할 테지만, 사주의 입장에서는 신문사 운영에 관한 전반적인 비용을 지원해야 하는 일이 만만치 않다. 경남매일도 심각한 경영난에 급여를 제대로 주지 못하고 있었다. 인쇄비도 상당 금액 밀려있는 데다 각종 세금도 체납된 상태였다.

그런 상황에서 경남매일의 대표이사 자리를 제안받았다. 매출이 탄탄한 기업의 CEO도 아닌 내가 경남매일의 대표라는 중책을 맡게 된 것이다. 가족들의 반대도 당연했다. 그런데도 새로운 도전을 한 이유는 경영에 대한 내 나름의 철학에서 비롯됐다.

나는 어떤 형태의 조직이든 '경영은 한 길'이라고 생각해 왔다. 그것이 신문사라 해도 다르지 않다. 조직의 특성에 맞게 재정을 확보할 길을 찾아내고 이를 조직의 원동력으로 삼는 게 무엇보다 중요하다 여겼다.

 지역신문사 대표로서 내가 가장 먼저, 가장 많이 한 일은 밤낮없는 돈 벌 궁리였다. 그중 하나가 '경남매일 CEO 아카데미'였다.

 경남매일 CEO 아카데미는 2019년에 시작해 올해 7년 차를 맞았다. 기본 6개월 과정에 등록금은 300만 원. 수강생으로서는 적지 않은 금액일 수 있다. 하지만 10배 이상의 가치를 돌려주겠다는 포부를 가지고 시작했던 만큼 잘 만들 자신이 있었다.

 지금은 어느 정도 자리를 잡았지만, 당시만 해도 1기 모집 시기, "경남매일 이름으로 모집하는데 누가 이 돈을 내고 들으러 가겠냐"고들 했다. 김해시장은 날 더러 "한 30명 모으면 기적"이라고 농담 반 진담 반인 우려를 했다.

 실제 모집 결과 1기 등록 인원은 107명. 신문사의 존망이 달린 문제라 여긴 내가 백방으로 모은 사람들이었다. 나와 신문사를 믿고 동참해준 실로 귀하디귀한 원우들이었다.

 사실 1기 등록 인원이 100명을 넘긴 걸 알았을 때 놀란 건 외부인만이 아니었다. 이게 진짜 될까, 라고 의심했던 구성원들까지 모두 놀란 상황이었다.

 이렇듯 아카데미 운영으로 얻은 건 원우들뿐만이 아니었다. 107명의 대학원 동기는 신문사가 존립할 수 있다는 희망, 나아가 신문사가 발전할 수 있다는 희망을 우리에게 전해주었다.

출발이 좋았으니, 2기에 대한 기대감도 높았다. 하지만 안타깝게도 다음 해 2020년에 터진 코로나의 일격을 피해갈 수는 없었다. 갖은 애를 써서 2기는 모았지만 끝날 듯 끝나지 않는 코로나로 3기를 모으는 일이 난망했다. 아카데미가 위태로워지니, 스트레스가 엄청났다. 월급날만 되면 온몸에 핏줄이 다 터져버릴 것만 같은 압박감이 나를 짓눌렀다.

 어려운 시기가 지나고 지금은 아카데미도 신문사도 안정기에 들어섰다. 그사이 경남매일 CEO 아카데미에는 정말 많은 분이 거쳐 갔다. 그중에는 대체 불가한 가창력으로 전 국민을 감동하게 한 전설적 가수이자 다재다능한 예술가 김수희 씨도 있었다.

 김수희 씨를 원우로 맞이하게 된 건 순전히 우연이었다. 진주 경상대학교 녹화방송에 김수희 씨가 온다는 얘길 전해 듣고 찾아가 아카데미를 설명해 드렸다. 늘 가방에 챙겨 다니던 원서를 두 손에 쥐여주고는 등록해 달라 간청을 했는데, 그냥 넘기지 않고 등록을 해주셨다. 무늬만 원우가 아니라 적극적으로 수업에 참여한 데다 원우들을 대상으로 지금껏 자신이 살아온 이야기를 들려주어 큰 박수를 받기도 했다. 더군다나 즉석에서 국민 애창가요인 '애모'와 '남행열차'를 불러 여러 원우들에게 평생 잊지 못할 추억을 선사해 주기도 했다.

 김수희 씨뿐만 아니다. 아카데미 원우 한 사람 한 사람이 모두 내게는 특별한 인연이다. 요사이 나는 어떻게 하면 이들에게 도움이 될 만한 또 다른 인연을 맺어줄지, 어떻게 하면 도움이 될 만한 경험과 인사이트를 줄 연사를 찾을지에 온통 관심을 쏟고 있다.

최근 경남매일 CEO 아카데미는 국제적인 아카데미로의 성장을 꾀하고 있다. 비근한 예로 얼마 전에는 인도 아스트라 그룹의 비벡 딜립 부회장이 등록하기도 했다. 국외 인사가 원우가 되면서 등록금을 달러로 받았다. 지역의 작은 신문사에서 외화벌이까지 하게 된 것이니 실로 놀랄만한 일이 아닌가.

하지만 난 이전부터 아시아 여러 국가에 글로벌 CEO 아카데미 캠퍼스 개설을 구상해왔다. 아시아 곳곳에서 경남매일 글로벌 CEO 아카데미를 만나게 될 날이 머지않았다.

모두가 반대하는 선택이라 하더라도 누군가에게는 새로운 길이 된다. 나에게 경남매일은 바로 그러한 '제2의 인생'을 열어 준 소중한 동반자나 다름없다. 이 길을 끝까지 갈 수도 있고 또다시 다른 길을 갈 수도 있지만, 분명 지금 내게 이 공동체는 살아 움직이는 조직 이상이며, 세상에 이바지하는 바도 크다고 확신한다.

돌아보면 시간이 정말 빨리 흘렀다. 현장의 소음, 기자들의 숨 가쁜 발걸음, 원고 마감의 긴장감…. 그 모든 순간이 나의 또 다른 교실이자 삶의 무대였다. 기사 한 줄, 사진 한 장에도 지역의 이야기가 담겨 있음

김수희 씨뿐만 아니다. 아카데미 원우 한 사람 한 사람이 모두 내게는 특별한 인연이다. 요사이 나는 어떻게 하면 이들에게 도움이 될 만한 또 다른 인연을 맺어줄지, 어떻게 하면 도움이 될 만한 경험과 인사이트를 줄 연사를 찾을지에 온통 관심을 쏟고 있다.

을 알게 되었고, 한 사람의 글과 목소리가 세상에 울림을 줄 수 있다는 사실을 경험했다. 독자들과의 만남, 현장의 열기, 그리고 함께한 동료들의 열정 속에서 다시 한번 살아있는 배움을 얻을 수 있었다. 나는 그 속에서 한 사람의 독자에서 지역의 벗으로, 그리고 시대의 작은 증인으로 거듭났다. 신문은 나를 세상으로 이끌었고, 나는 신문을 통해 또 다른 나를 발견했다.

또 신문사를 하면서 각계각층에 있는 사람들을 어렵지 않게 만날 수 있었다. 각 지역 단체장부터 정치인, 교수, 기업인까지 수많은 사람을 만나면서 시야가 확 넓어졌다. 이것이야말로 대표직을 수락해 얻은 가장 큰 보람이라고 자신한다.

물론 지역신문사 대표의 길이 꽃길일 리 만무하다. 꽃길은 무슨 오히려 극한직업에 가깝다. 무심히 지나치는 독자의 시선 앞에서 허무를 느낀 적도 있고, 지역사회의 아픔을 담아내며 깊은 무력감에 빠진 적도 있다. 하지만 그럴 때마다 신문이 내게 묻는 듯했다.

"당신이 지켜내야 할 진실은 무엇인가. 당신이 전해야 할 이야기는 누구의 목소리인가."

그 물음이 지금껏 나를 흔들었고, 동시에 붙잡아 주었다.

이제 나는 감히 말할 수 있다. 경남매일은 나의 두 번째 청춘이자, 제2의 인생이라고. 그것은 다시 피어난 꽃과 같고, 긴 겨울 끝에 찾아온 봄 햇살과도 같다. 나의 삶이 더 깊어지고, 나의 눈이 더 넓어지고, 나의 마음이 더 따뜻해진 것은 경남매일이 있었기 때문이다.

  앞으로도 나는 이 인연을 오래도록 지켜가고 싶다. 신문이 내게 준 가장 큰 선물은 기록의 힘이었고, 그것을 통해 사람을 잇는 사랑이었다. 이제 그 사랑을 되돌려 주는 일이 내 몫이라 믿는다. 글로써 위로하고, 이야기로써 희망을 전하며, 함께 살아가는 세상을 만들어가는 일 말이다.

  생각해보니 이 모든 과정이 어머니께서 가르쳐주신 삶의 자세와 닮아있다. 포기하지 않는 끈기, 사람을 끝까지 믿는 마음, 그리고 작은 것 하나도 소중히 여기는 절약 정신. 어머니의 그 마음가짐이 내가 원우 한 분 한 분을 소중히 여기는 자세로 이어졌다.

나를 지켜준 마라톤 그리고 디카시

"대표님 언제 공 한 번 치실까요?"
  신문사에 있으면서 사람들을 만나면 골프 치러 가자는 권유를 많이 받는다. 워낙 많은 사람이 골프를 취미로 가지고 있으니, 나 역시 골프를 칠 걸로 생각하는 경우가 많다.
  그런데 내가 좋아하는 운동은 마라톤이다. 뭐든 시작하면 끝장을 보는 성격이라 마라톤을 꾸준히 하던 시절에는 울트라 마라톤에 도전하기도 했을 정도로 마라톤을 좋아한다.

어린 시절 나는 체육 시간을 무척 싫어했다. 당연히 운동회도 싫어했다. 초등학교 6년 동안 운동회 달리기에서 받은 상은 3등으로 들어와 받은 상, 딱 한 번이었다. 그것도 앞서 달리던 두 친구가 넘어지는 바람에 받은 상이었다.

운동하고는 먼 생활을 하다가 2005년부터 달리기에 빠졌다. 스트레스가 극심했던 시절 달리기로 심신을 달랬다. 그렇게 싫어했던 달리기가 나를 살린 셈이다.

흔히 사람들은 마라톤을 인생에 비유한다. 마라톤은 우직함과 홀로서기라는 두 가지 의미를 동시에 가진다. 그 두 가지를 모두 느낄 수 있는 게 마라톤이다.

49.195km를 완주한 후에는 울트라 마라톤에 도전했다. 울트라 마라톤은 자신의 체력과 인내심의 극한을 시험하는 장이다. 대회에서 죽을 뻔하기도 했지만, 스스로의 한계를 뛰어넘어 참고 인내하는 마음의 에너지가 살아있다는 걸 확인하게 하는 운동이다.

내게 마라톤은 곧 설렘이다.

요즘 내가 빠져 있는 또 다른 취미가 있다. 바로 '디카시'이다. 휴대전화로 사진을 찍고 거기에 어울리는 시를 지어 블로그에 올리는 게 디카시이다. 신문사 근처 있는 정원이 딸린 카페에 가서 계절마다 달라지는 꽃과 식물을 카메라에 담아 시와 함께 블로그에 올리는 일이 내게는 얼마나 큰 위안이 되는지 모른다.

특히 비 오는 날 자주 가는 카페에 앉아서 빗소리를 들으며 책을 볼 때는 어찌나 마음이 편안한지 세상 부러울 것이 없다. 바깥에 있는 풀들도 모두 내 친구가 되어 준다.

식물을 바라보는 눈은 조금 남다른 데가 있다. 회사 주변에 머위 군락지가 있어서 매번 머위를 채취해 직원들이 이용하는 식당에 가져다 준다. 직접 캔 머위를 받는 식당 직원도 머위반찬을 먹는 우리 직원도 모두들 정말 좋아한다. 그렇게 몸에 좋은 식물이 지천으로 널렸지만 아무도 알아보지 못한다. 가난한 농가에서 자라면서 먹을 수 있는 식물이라는 건 죄다 뜯어먹어 본 어린 시절이 있었기에 내 눈에만 보이는 보물이다.

어머니께서 늘 말씀하시던 "나물 날 것은 입맛부터 안다"는 말씀이 이제야 조금 이해가 된다. 자연이 주는 선물을 알아보는 눈, 작은 것 하나도 소중히 여기는 마음이 바로 어머니께서 내게 물려주신 가장 큰 유산이다.

어머니, 그리고 끝나지 않은 이야기

열다섯 살에 집을 나와 지금까지 달려온 인생을 돌아보니, 결국 모든 것의 중심에는 어머니가 계셨다. 말없이 보여주신 삶의 자세, 끝까지 포기하지 않는 끈기, 자식을 한없이 받아주셨던 너른 마음. 그 모든 것이 지금의 나를 만들었다.

어머니는 돌아가셨지만, 여전히 고향에 계시며 우리를 지켜봐 주시는 것만 같다. 매일 새벽 대청 계곡을 걷고 매 순간 최선을 다하는 힘, 바쁜 일상 와중에도 디카시를 쓰며 자연을 바라보는 시선까지도 모두 어머니로부터 배운 것들이다.

어머니의 삶을 한마디로 정리하자면 '스페로 스페라'였다. 라틴어로 "나는 희망한다. 너도 희망하라"는 뜻의 스페로 스페라는 내 두 번째 시집의 제목이기도 하다.

99년의 긴 세월 동안 척박한 땅을 지키며 자식들을 키워내신 어머니. 어머니만큼은 못 된다 하더라도, 지금처럼 앞으로도 내가 맡은 자리에서 최선을 다해 살아가려 한다.

호두 한 알도 놓치지 않으셨던 어머니처럼, 나도 하루하루를 소중히 여기며 살아가고 싶다. 그것이 어머니께 드릴 수 있는 가장 큰 효도라고 믿는다.

어머니께
드리는 편지

사랑하는 어머니께

어머니의 부재가 여전히 믿기지 않습니다. 호두나무 열매가 맺히던 계절마다 자식들을 맞이하시던 모습이 눈앞에 선합니다. 함께한 시간이 길지 않았다고 여겼지만, 돌이켜보니 그것은 짧음이 아니라 너무도 깊은 사랑이었음을 깨닫습니다. 화내는 법 없이, 늘 가족을 위해 헌신하시던 어머니의 삶이 저를 지탱해 주었습니다.

막내를 걱정하시던 따뜻한 말씀, 새 집을 마련해주었을 때 기뻐하시던 얼굴, 그 모든 순간이 마음속에 남아 있습니다. 자주 찾아뵙지 못하고, 여행 한 번 함께하지 못한 아쉬움이 크지만, 어머니의 가르침은 제 안에 살아 있습니다. 근면하고 너그럽게, 끝까지 포기하지 않고, 받은 사랑을 세상에 나누며 살아가겠습니다.

어머니, 당신은 제 삶의 시작이자 영원한 시였습니다.

어머니

당신의 삶은
고단한 하루를 지탱하는 기둥이었고
어둠 속에서도 꺼지지 않는 등불이었습니다

굳은 손에 새겨진 희생의 무늬는
아들의 길을 열어 준 지도였고
주름진 얼굴의 미소는
세상의 풍파를 견디게 한 약속이었습니다

제가 걸어 온 모든 발자국 뒤에는
어머니의 눈물과 기도가 있음을 압니다
그 은혜의 강물이 모여
오늘의 제가 되었습니다

이제 저의 삶으로 증명하겠습니다
당신의 사랑이 헛되지 않았음을
당신의 이름이 제 가슴속에서
영원히 빛나고 있음을

어머니
당신은 저의 시작이며
세상 그 어떤 것보다 소중한
영원한 시입니다

- 어머니를 그리워하며
아들 창훈 올림

경남 창녕의 작은 반촌에서 '역환'이라 불리며 자란 소년이 30년간 지역 소프트웨어 산업의 개척자로 성장하기까지, 그 뒤에는 "니 하고 싶은 대로 해라"며 자유와 책임을 함께 가르친 어머니가 있었다. 1958년생인 오양환 대표는 국립부산기계공업고등학교 1기 졸업 후 삼성중공업과 효성중공업을 거쳐 일본에서 5년간 근무하며 소프트웨어 기술을 습득했다. 1997년 개인회사로 창업해 1998년 법인으로 전환한 (유)코아시스템을 운영하며 "한 번 맺은 고객과는 30년을 함께 간다"는 약속을 실천해오고 있으며, 현재 (사)경남ICT협회 명예회장과 창원상공회의소 의원으로 활동하고 있다. 엑셀 VBA 프로그래밍 등 4권의 저서를 출간했으며, 어머니로부터 물려받은 "책임 있게 해라"는 신념으로 경남 소프트웨어 산업의 불모지를 개척해온 선구자다.

"니 하고 싶은 대로 해라"

(유)코아시스템 CEO
오양환

오양환의 어머니 (故)서소년

1922년 경남 함안 칠원에서 태어나 2002년에 생을 마감한 어머니는 평생을 자식들에게 "니 하고 싶은 대로 해라"라는 말로 용기를 주었다. 넉넉지 않은 살림에도 늘 든든한 버팀목이 되어주며, 자식이 선택한 길을 믿고 지켜봐 주는 것이 자신의 몫이라 여겼다. 삶의 마지막 순간까지도 자식의 앞길을 응원했던 그 따뜻한 뒷모습은 지금도 오양환 대표의 마음속 깊이 남아 있다.

○

  나는 1958년 유난히 무더웠던 여름(음력 7월)에 경남 창녕군 남지읍 서동이라는 반촌에서 7남매 중 여섯째, 막내아들로 태어났다. 머리부터 나와야 할 아기가 다리부터 나오는 바람에 산파와 식구들이 진땀을 뺐고, 그 덕에 집에서는 양환이 아니라 '역환'이라 불렸다. 거꾸로 태어났다는 뜻의, 애정 섞인 별명이었다.

  지금은 웃으며 이야기할 수 있지만, 어린 시절 나는 '우리 집이 가난하다'는 생각을 한 번도 해본 적이 없다. 모두가 그렇게 사는 줄 알았기 때문이다.

  아버지는 1907년생, 어머니는 1922년생으로 나이가 열다섯 살이나 차이가 났다. 그런 나이 차이가 있는 줄도 한참 뒤에야 알았고, 두 분이 어떻게 만나셨는지도 오래도록 몰랐다. 나중에 형님께 들으니, 아버지는 일제강점기 일본에 건너가 돈을 제법 많이 벌어오셨다고 한다. 그러나 그 돈은 친가 식구들 먹이고 입히느라 다 쓰셨던 모양이다. 그 시절 워낙 친가 식구가 많았으니, 남는 게 없었을 거라 추측할 뿐이다.

집안일이나 대소사에는 언제나 어머니가 앞장섰다. 아버지는 새벽부터 밤늦게까지 묵묵히 일만 하셨고, 말수가 적으셨다. 반면 어머니는 늘 당당했다. 내 기억 속 어머니는 언제나 단정하고 곧은 자세로 마을 어디서나 기죽지 않는 분이셨다. 그래서인지 '어머니' 하면 가장 먼저 떠오르는 단어는 '단아함'이다. 당시에는 여성이 글을 깨우치거나 교육을 받은 경우가 드물었는데, 어머니는 글을 읽고 쓸 줄 알았고, 그 배움에서 오는 자신감과 품격이 있었다. 어린 내 눈에도 어머니는 동네의 여느 아주머니들과는 분위기부터 달랐다.

우리 집의 가난을 상징하는 장면이 있다. 초가집 부엌, 가마솥에서 피어오르는 김을 따라가면 늘 그 안에는 보리밥이 있었다. 어머니는 가마솥에 보리쌀을 채운 다음 한가운데에는 쌀 한 그릇 분량을 넣어 밥을 지었다. 쌀이 귀한 시절, 아버지의 몫으로 쌀밥을 따로 마련해 드린 것이었다.

그 모습을 보며 나는 '나도 쌀밥을 조금만 섞어 먹을 수 있었으면…' 하고 바라곤 했다.

하지만 어머니는 단 한 번도 내 밥에 쌀을 섞어주지 않으셨다. 어린 마음에 아버지가 남긴 밥이라도 내 몫이 되기를 은근히 기대했고, 가끔은 그 바람이 이루어지기도 했다.

아버지가 막내아들의 간절한 눈빛을 읽고, 쌀밥을 덜어주셨던 장면을 떠올리면 지금도 가슴이 저릿해진다. 어느새 나도 한 가정의 아버지가 되어 아버지의 그 마음을 헤아리게 되었기에 더욱 가슴이 뭉클해지고 마는 것이다.

어머니가 차려주신 밥상은 단순한 밥상이 아니었다. 거기에는 가난해도 무너뜨리지 말아야 할 한 가정의 질서와 예의, 그리고 위계가 담겨 있었다. 나는 그때의 밥상을 떠올릴 때마다, 어머니의 단아함이 결코 저절로 만들어진 것이 아님을 깨닫곤 한다.

가난 속에서도 지켜준 공부의 기회

농촌에서 자식은 곧 귀한 일손이었다. 형과 누나들은 모두 밭으로 나가 일을 도왔지만, 나는 예외였다. 아버지가 나를 데리고 밭에 나가려 하거나 심부름이라도 시킬라 치면, 어머니는 매번 뒤에서 단호하게 막아주셨다.

"와 가를 공부하게 놔두지, 데려갈라 그카능교."

중학교를 졸업할 때쯤 아버지도 더는 나를 찾지 않으셨지만 나를 제외한 형제들은 모두 농사일을 도와야 했고, 집안 형편상 공부를 계속하기란 쉽지 않았다. 하지만 어머니는 적어도 나 하나만큼은 공부의 끈을 놓지 않게 하시려 한사코 농사일을 못 하게 막으셨던 게 아닐까.

"학교는 빠지지 말아라."

어머니가 내게 남기신 말씀 중 가장 깊이 새겨진 한마디다. 그 덕분에 크게 아팠던 날을 제외하면 개근에 가까울 만큼 성실히 학교에 다녔다. 당시 농촌에서는 농번기나 집안 사정으로 학교를 빠지는 학생이 많았지만, 나는 예외였다.

아마도 어머니는 이미 교육의 힘을 알고 계셨던 것 같다. 아버지 쪽은 대부분 학교 교육을 받지 못했지만, 어머니 쪽은 조금이나마 교육의 혜택을 받은 집안이었다. 외가에는 일제강점기 시절 면서기를 지낸 분도, 교사로 일하신 분도 있었다고 들었다.

또 어머니는 유독 나에게만은 잔소리를 많이 하시는 분이 아니었다. "학교 빠지지 마라" "뭐든 책임 있게 해라" 정도의 짧은 말씀만 하셨을 뿐, 일일이 간섭하거나 지시하는 일은 드물었다. 늘 뒤에서 지켜보고 기다려주는 분이었다. 어린 시절 야단을 맞은 기억이 거의 없는 것도, 실제로 혼이 나지 않아서라기보다는, 억울하거나 상처로 남을 만큼 심하게 혼난 적이 없었기 때문일 것이다.

초등학교 시절, 공부를 제대로 해본 기억은 없다. 요즘처럼 부모가 나서서 가르쳐주거나 학원을 보내는 환경이 아니었기에, 공부하는 방법 자체를 몰랐다. 대신 나는 온 동네를 누비는 개구쟁이이자 골목대장이었다. 집집마다 "야! 야!" 하고 친구들을 불러내어 전쟁놀이를 하며, "공격!"을 외치던 그때의 기질은 지금도 내 안에 남아 있다.

공부라는 걸 몰랐던 나는 공부란 그저 학교를 빠지지 않고 다니는 것, 그것이 전부라고 생각했다. 그런데 지금 생각해보면, 어머니가 바라신 것도 그 이상은 아니었다. 거창한 목표나 성적이 아니라, 꾸준히 성실하게 해나가는 태도, 그리고 하고 싶은 일을 주도적으로 해보는 용기. 그것이야말로 어머니가 내게 심어주고자 했던 가장 기본적인 삶의 자세였던 것 같다.

희한하게도 그때 어머니께서 심어주신 그 기본기가 내 평생을 이끌게 되었다. 직장 생활을 하고, 회사를 창업하여 고객과 파트너 30년 약속을 하게 된 것도, 결국 그 시절 어머니께 배운 '꾸준함'과 '책임감' 덕분이었다.

어린 시절 내 눈에 비친 어머니는 늘 꼿꼿했고, 대쪽같은 기개를 지닌 분이었다. 나중에 내가 회사에서나 사회에서 불합리한 관행을 보면, 설령 그것이 내게 불이익을 가져오더라도 반드시 바로잡으려 했다. 불의를 그냥 지나치지 못했던 것도 모두 어머니에게서 배운 습성이었다. 어머니는 늘 옳은 일이라면 앞장서야 한다고 가르치셨고, 남에게 절대로 해를 끼쳐서는 안 된다고 하셨다.

꿈을 향한 첫 도전

공부에 본격적으로 관심을 갖게 된 계기가 있었다. 담임인 이상권 선생님이 졸업을 얼마 앞둔 시점에, 우리 반에서 딱 두 명만 교무실로 부르셨다. 나는 초등학교 6년 내내 늘 중간 정도 성적에 머무른 평범한 학생이었다. 공부로 눈에 띄는 타입도 아니었고, 특별히 열심히 한 적도 없었다. 그래서 '왜 나를 부르셨을까?' 하는 의문이 먼저 들었다.

나머지 한 명은 전교 1등, 김성이라는 친구였다. 그는 초등학생이 보기에는 너무나 두꺼운 책을 학교에 가져와서 읽고, 늘 책상 앞에 앉아 공부만 하는 전형적인 학구파였다.

그 시절 교무실에 불려간다는 건 대개 야단을 맞을 때였으니, 무슨 일인가 싶어 조마조마해 하며 따라간 기억이 있다. 선생님이 먼저 김성 친구에게 "니는 전교 1등이니까 앞으로도 공부를 계속 열심히 해라"라고 칭찬 섞인 이야기를 하셨다. 그다음 내게 하신 말씀은 단 한 마디였다.

"양환이 니는 공부를 하면 잘하겠다."

짧지만 묵직한 그 말은 내 마음속에 오래도록 깊이 새겨졌다.

선생님이 나를 부른 이유를 나중에 알게 됐다. 졸업 직전 치른 IQ테스트에서 내가 139로 전교 1등을 했다는 사실을 말이다. 당시 나는 IQ가 무엇인지조차 몰랐지만, 선생님의 그 한마디는 다른 어떤 설명보다 강력한 동기부여가 됐다.

'나도 마음만 먹으면 잘할 수 있겠구나.'

선생님의 말씀 한마디가 난생처음 공부에 대한 내 생각을 바꿔 놓았다. 공부라는 세계가 내 앞에 하나의 가능성이 된 순간이었다. 그 일을 계기로 중학교에 진학하면서 나는 비로소 공부에 진심을 담기 시작했다.

중학교는 창녕군 남지읍에 있는 남지중학교에 진학했다. 우리 학년은 다섯 반, 약 320명 정도였다. 입학 직후 치른 첫 시험에서 뜻밖에도 상위권 성적을 받았다. 성적표를 확인한 순간, 마음 한구석에서 자신감이 불쑥 솟아올랐다. 전에는 한 번도 진지하게 해본 적 없는 공부였지만 막상 해보니 좋은 결과가 따라왔다. 그 성취감이 나를 더 열정적으로 책상 앞에 앉게 했다.

물론 그때도 특별한 공부법이 있었던 건 아니다. 선생님이 칠판에 적은 내용을 빠짐없이 외우는 것이 전부였다. 공부 방법을 몰랐으니 교과서를 통째로 그냥 다 외웠고, 그래서 시험을 치를 때는 눈을 감아도 문제가 교과서 몇 페이지에 나와 있는지까지 떠올릴 수 있었다.

공부에 재미를 붙이자 전교에서도 최상위권을 유지했다. 통지표를 받아 들고 집에 가서 어머니께 건네드릴 때 어머니가 지으시던 미소는 아직도 생생하다. 그때 보여주신 어머니의 미소는 말 한마디 없이도 확신을 주는 가장 강력한 격려였다.

그 당시 중학교에서는 재학생 320명 가운데 상위권 30명 정도를 뽑아 '마고반'을 운영했다. 목표는 마산고등학교 진학이었다. 마산고를 거쳐 서울대 입학생을 배출하는 것이 학교의 큰 자랑이던 시절이었으니, 웬만한 중학교에는 모두 마고반이 있었다. 나도 그 반에 들어갔다.

마고반에 들어간 뒤에는 밤늦게까지 야간 자율학습이 이어졌다. 교실 한가운데 백열전구 하나만 켜놓고 공부를 하다 보니 눈이 쉽게 피로해졌다. 그때 시력이 급격히 나빠져 처음 쓰게 된 안경을 지금까지 쓰고 있다.

하지만 공부를 하면서도 마음 한쪽은 불안했다. 혹여 마산고에 합격하더라도 집안 형편상 마산에서 유학하기가 어려울 거란 판단 때문이었다. 마산에는 전혀 연고가 없었던 데다, 학비와 생활비 문제를 생각하면 공부에만 전념할 수는 없는 노릇이었다. 성적은 오르는데, 현실은 자꾸 내 발목을 잡는 기분이었다.

그런 상황에서 내 인생의 방향을 완전히 바꿔 놓을 소식이 들려왔다. 1974년, 박정희 대통령이 부산에 국립부산기계공업고등학교를 설립하면서 전국 중학교에서 성적 상위 3%의 학생만 선발하겠다고 발표한 것이다. 국가 산업 인재를 체계적으로 양성하겠다는 목표 아래, 학비와 기숙사비 전액을 지원하니 성적이 우수한 학생들이 몰리지 않을 수 없었다.

'이건 분명 나를 위해 만들어진 학교다.'

가슴이 뛰었다. 학교의 반대를 무릅쓰고 결심한 대로 지원서를 냈고, 다행히 합격 통지를 받았다. 전국에서 몰린 치열한 경쟁을 뚫고 부산기계공고 1회 입학생이 된 것이다.

가끔 생각한다. 만약 국립부산기계공업고등학교에 합격하지 못했다면 어땠을까. 아마 고등학교 진학은 포기하고 형님이나 누나들처럼 졸업 후 곧바로 취업의 길로 들어섰을지도 모른다. 인생이란 알 수 없지만, 그때 돈 걱정 없이 공부할 기회를 얻은 건 내게 주어진 가장 큰 행운 중 하나였다.

국립부산기계공고에 합격한 뒤, 어머니는 내가 기숙사에 들어가는 대신 부산에 살고 있던 둘째 형님댁에서 지내기를 원하셨다. 기숙사가 여러모로 편했을지도 모르지만, 어머니 눈에는 내가 여전히 어린 막내로만 보였던 것이다.

어머니 말씀을 따라 남지 촌놈이었던 나는 부산 연산동 둘째 형님댁에서 3년 동안 지내며 학교에 다녔다. 매일 아침 36번 버스를 타고 망미동을 넘어 수영 비행장을 지나 해운대까지 가는 길이 나의 통학 길이었다. 그 버스를 3년 내내 함께 타고 다닌 동기 중 한 명이 있었는데, 훗날 부산 동래구에서 국회의원 3선을 지내고 대통령 정무수석까지 역임한 이진복이라는 친구였다. 그는 고등학교 시절부터 이미 리더십이 두드러졌고, 기질이 남달랐다.

국립부산기계공고 1기 동창 중에는 진복이처럼 유독 뛰어난 친구들이 많았다. 전국 각지에서 모인, 말 그대로 '영재급' 학생들이었으니 졸업 후 각자의 자리에서 대한민국 산업 발전을 이끌거나, 각 분야의 최고 리더로 성장한 이들이 적지 않다. 그래서인지 지금도 그 시절 동기들을 떠올리면 자랑스러운 마음이 든다.

국립부산기계공고를 선택한 건 정말 잘한 결정이었다. 마산고를 고집했다면 내 삶은 다른 길로 흘러갔을 것이다. 어머니는 직접 말씀하시지 않았지만, 이미 둘째 형님과 형수님께 나를 부탁하시고 어떤 길이 나에게 가장 현실적이고 좋은지 계산하고 계셨던 것 같다.

지금 생각하면 어머니의 현실감각과 통찰력은 나보다 훨씬 앞서 있었다. 그리고 어머니의 그런 어려운 짐을 기꺼이 받아준 둘째 형님과 형수님은 내게 제2의 부모님이었다. 평생 감사한 마음을 가슴 깊이 간직하며 살아가고 있다.

첫 직장과 군 생활의 시련

국립부산기계공업고등학교 3학년 2학기 방학 무렵, 담임선생님의 추천으로 창원에 있던 삼성중공업에 입사하게 되었다. 그리고 1977년 10월, 나는 마침내 사회에 첫발을 내디뎠다. 그 시절에는 다들 3학

선생님이 먼저 김성 친구에게 "니는 전교 1등이니까 앞으로도 공부를 계속 열심히 해라"라고 칭찬하는 얘기를 하셨다. 그다음 내게 하신 말씀은 단 한 마디였다.
"양환이 니는 공부를 하면 잘하겠다."
짧지만 묵직한 그 말은 내 마음속에 오래도록 깊이 새겨졌다.

년 때 기능사 자격증은 몇 개씩 가지고 있었고, 곧바로 회사에서 데려가는 분위기여서 나도 졸업 전에 삼성중공업으로 가는 게 예정돼 있었다.

고등학교에서는 전기과를 전공한 덕에, 삼성중공업에서도 맡은 일은 전기 관련 업무였다. 거대한 기계 안에 들어가는 장치의 전기 배선 작업을 하는 일이었는데, 그 기계들은 대부분 일본과의 합작으로 제작된 것이었고, 당시만 해도 한국에는 독자적인 기술이 거의 없었다. 부끄럽지만, 첨단 설비나 장비를 일본 기술에 크게 의존하던 시절이었다.

삼성중공업에는 일본 IHI사의 각 전문 분야 엔지니어들이 부서별로 한 명씩 배치되어 우리와 함께 근무했다. 나로서는 처음으로 외국인과 한 공간에서 함께 일한 첫 경험이었다.

회사를 다니던 어느 날, 일본에서 온 엔지니어들이 대졸 간부 사원들과 회의를 하는 장면을 목격했다. 그 시절 대기업의 구조는 명확했다. 고졸로 입사하면 5급, 대졸은 3급. 같은 회사원이지만 출발선 자체가 달랐다. 그 사실이 서운하기도 했지만, 더 큰 충격은 회의실 풍경 그 자체였다. 대졸 사원들은 일본인 엔지니어들과 나란히 테이블에 앉아 자연스럽게 대화를 나누었지만, 고졸인 나는 그 자리에 낄 수 없다는 사실에 자존심이 크게 상했다.

그 무렵 나는 일본어를 조금씩 공부하고 있었던 터여서 대화 내용이

어렴풋하게나마 들려왔다. 하지만 듣기만 하고 말할 수 없으니 답답했고, 그런 현실에 오히려 강한 자극이 됐다. '언젠가는 나도 외국인과 한 테이블에 앉아 당당히 의견을 주고받는 기술자가 되겠다'고 마음속 깊이 다짐한 계기가 된 것이다.

하루는 우연히 일본 잡지에서 컴퓨터 관련 기사를 보게 됐다. 일반인들은 컴퓨터가 뭔지도 모르던 시절이었다. 그 잡지를 건네준 사람은 훗날 내 아내가 된 그녀였다. 아직 사귀기 전이었지만, 그때 그녀가 구해준 책은 내 인생의 방향을 바꾸는 계기가 되었다.

잡지 속 컴퓨터에 관한 내용은 나를 단번에 사로잡았다. 왠지 모르게 가슴이 뛰었고, 머릿속 깊은 곳에서 '미래에는 반드시 컴퓨터가 세상의 핵심이 될 것이다'라는 확신이 솟구쳤다. 당장 배우고 싶었지만, 그 시절 내 주변에는 컴퓨터를 아는 사람도, 배울 수 있는 환경도 전혀 없었다.

주변에 수소문을 해봤지만 컴퓨터를 아는 사람은 단 한 명도 없었다. 1978년 당시, 창원은 국가산업단지가 막 조성 중이라 생활 기반은 대부분 마산에 있었고, 새로운 기술을 배울 수 있는 환경은 더더욱 아니었다. 그렇다고 포기할 수는 없었다. 마산 시내를 샅샅이 뒤진 끝에, 어시장 근처에서 유일하게 '컴퓨터 학원'이라는 간판을 발견했다. 그 순간 가슴이 두근거렸다. 곧장 학원 안으로 들어가 원장에게 야간반 개설 여부를 물었고, 야간반이 있다는 대답을 듣자마자 주저 없이 6개월 프로그래밍 과정에 등록했다.

그런데 문제가 있었다. 창원 신촌의 회사 숙소에서 마산 어시장 학원까지 가려면 시외버스를 타야 했는데, 버스가 자주 있는 것도 아니었고, 학원이 밤 10시에 끝났기에 한 번 놓치면 숙소로 돌아갈 방법조차 없었다. 매번 그 시간이 큰 변수였다.

하지만 걱정과는 달리, 6개월 과정을 듣는 동안 나는 단 하루도 빠지지 않았다. 학원을 빠지지 않기 위해 비가 오나 눈이 오나, 버스 시간에 맞추려고 얼마나 뛰어다녔는지 모른다. 그런데 이상하게도 힘들지 않았다. 오히려 새로운 것을 배운다는 설렘이 발걸음을 더 재촉했다. 그렇게 매일 쌓아 올린 시간이 내 인생을 송두리째 바꿔 놓았다. 그 순간들이 모여 나의 '컴퓨터 인생'을 여는 진짜 출발점이 되었다.

막상 시작은 했지만, 기대만큼 만족스럽지는 않았다. 당시 프로그래밍은 지금처럼 키보드로 입력하는 방식이 아니라, 카드를 펀칭해 컴파일하는 방식이었다.

교육 과정도 그리 체계적이지 않아 갈증은 여전했다. 오히려 배우면 배울수록 '더 깊이 알고 싶다'는 마음이 커져만 갔다. 시간이 흘러 회사에서 3년 정도 근무하니, 일상적인 업무에 점점 집중이 되지 않는 현상까지 생겼다. 머릿속은 온통 컴퓨터로 가득 차 있었다. 결국, 마음속에서 결론이 뚜렷해졌다.

'이건 부업이 아니라, 전공으로 해야 한다.'

내 진로는 이미 정해진 것이나 다름없었다. 문제는 그 결정을 너무 성급하게 내렸다는 점이다. 멘토나 경험 많은 어른과 상의해 보지도 않고, 오직 내 판단만으로 회사를 그만두고 이듬해 대학에 가겠다고 마음을 굳혀버렸다. 결심이 얼마나 굳건했던지 상사의 강한 만류에도 불구하고 고집을 꺾지 않았다.

그러나 불과 보름 만에 날아든 영장이 모든 계획을 뒤흔들었다. 병역 특례를 받고 있었던 나는 정해진 근무 기간을 채우지 않으면 바로 현역으로 입대해야 했는데, 목표에만 치중한 나머지 미처 그 부분을 놓치고 만 것이었다.

그건 단순한 판단 착오가 아니었다. 내 인생에서 가장 뼈아프고 값비싼 실수가 되었다. 그래서 나는 지금도 특강을 할 일이 있을 때면, 학생들이나 직원들에게 한결같이 이렇게 말한다.

"중요한 결정을 앞두고 있다면, 반드시 실행에 옮기기 전 누군가에게 물어봐라. 당신이 전혀 예상하지 못한 답을, 누군가는 알고 있다."

그 한 번의 질문이, 인생의 방향을 바꿔줄 수도 있으니까 말이다. 그때의 사회 경험은 내게 단순한 해프닝이 아니었다. 당시의 실수는, 어떤 중요한 결정을 내리기 전에는 반드시 상황을 여러 각도에서 점검하고, 경험 많은 사람의 의견을 들어야 한다는 원칙을 심어주었다. 그때 생긴 습관은 훗날 사업을 하면서도 마찬가지였다. 아무리 좋은 아이디어라도 현실적 제약과 조건을 꼼꼼히 따져본 뒤에 실행해야 했다.

  계획이 완전히 무산되고 마음의 준비도 안 된 상태에서 군에 입대를 하러 허겁지겁 가게 된 것도 난감한 노릇이었는데, 하필이면 1979년 10월 26일, 박정희 대통령 시해 사건이 터진 직후라 분위기가 살벌했다. 논산훈련소에서는 군화를 신고 잘 정도로 보안이 철저했다. 옆에서 무슨 일이 벌어져도 알 수 없을 만큼 긴장된 분위기였다. 다행이 별탈없이 훈련을 마치고 강원도 철원과 연천 사이에 있는 모 포병대대 무전 통신병으로 배치되었다.

  사실 이 과정에서 가장 당황스럽고 난감했던 건 나보다 오히려 어머니와 지금의 아내였을 것이다. 그런데도 두 분 모두 내색 한 번 하지 않았다. 훗날 들은 이야기로는, 군에 가지 않아도 될 상황에서 내가 무모하게 회사를 그만두고 입대한 일을 두고 속으로는 많이 걱정하셨다고 한다. 그런데도 두 사람은 내 실수를 탓하기는커녕, 안타까운 내색조차 보이지 않았다.

  두 여인 모두 나의 잘못을 탓하기 전에 '니 하고 싶은 대로 해라'라고 응원하는 마음이 일치한 것이었으리라.

  비록 내가 치밀하지 못한 실수로 입대를 했지만, 닥친 상황을 어떻게 아깝지 않게 보낼 것인가를 고민하게 됐다. 하지만 80년대 대한민국 군대는 말로 다 표현하기 힘든 부분이 많았다. 그 속에서도 나는 '아무 생각 없이 시간을 흘려보내는 건 낭비'라는 생각을 버릴 수 없었다. 그래서 사귀고 있던 지금의 아내에게 일본어 사전을 하나 보내 달라고 했다. 훈련을 하러 가든, 보초를 서든, 내무반에 있든 늘 품속에 넣고 다녔다. 틈만 나면 한 장씩 찢어 들고 반복해 읽었다. 처음부터 다시, 또 처음부터 다시. 그렇게 몇 번이고 반복하다 보니 나중에는 거의 달달 외울 정도가 되었고, 사전은 손때와 땀에 절어 너덜너덜해졌다.

 사실 그전에도 일본어 공부를 조금 해왔는데, 군대에 있는 동안 잊어버릴까 싶어 끊임없이 반복했다. 하지만 군대란, 가만히 있는 걸 절대 용납하지 않는다. 할 일이 없으면 땅이라도 파게 하는 곳이다. 그래서 책을 볼 시간을 만들기 위해 내가 자진해서 맡은 일이 있었다. 모두가 꺼리던 보초였다. 서 있는 동안만큼은 사전을 몰래 펼칠 수 있었기에, 온종일 서 있어도 괜찮았다. 오히려 그 시간이 나에겐 최고의 공부 시간이었기 때문이다.

 어머니는 내게 잔소리를 많이 하는 분이 아니었다. 내가 삼성중공업에 입사했을 때도 그저 '촌에서 큰 회사에 갔다'는 정도로만 아셨고, 삼성이라는 기업이 어떤 규모와 의미가 있는 곳인지는 잘 모르셨다. 다만 큰 회사이고, 월급을 잘 준다는 이야기를 주변에서 들으셨을 뿐이다.

 군대에 간다고 했을 때도 겉으로는 걱정하는 내색을 하지 않으셨다.

그러나 나중에 아내를 통해 "군대에서 사고가 잦다는데 밥은 제대로 먹고 있나" 하며 속으로 애태우셨다는 말을 전해 들었다. 나에게는 내색 한 번 하신 적은 없지만, 마음속으로는 하루하루를 걱정 속에 보내셨던 것이다.

내가 없는 동안 어머니의 걱정이 얼마나 컸는지는, 아내가 창원에서 당시 교통편으로 온종일 걸리는 강원도 연천까지 혼자 면회를 왔을 때 알게 되었다. 아내는 어머니의 마음을 대신 전해주었고, 그제야 나는 어머니의 묵묵한 걱정이 얼마나 깊었는지를 비로소 깨닫게 되었다.

군대에서 내가 했던 일 중에는, 누구도 쉽게 하지 못했던 실행이 하나 있었다. 당시 군대는 하루가 멀다고 '군기'라는 이유로 얼차려가 일상이었다. 좋은 말로 얼차려라 했지만, 실상은 구타였다.

어느 날 문득 생각이 들었다.

'왜 군대에서는 군기를 잡아야 한다는 핑계로 똑같이 젊은이들을 때려야 하지?'

때리지 않고는 군기를 잡을 수 없는 건지 알 수 없었지만, 오래된 관습이었고, "군대는 원래 그런 곳"이라는 관성 아래 무심히 저질러지고 있었다.

그때 마음속으로 결심했다. 후임일 때는 맞을 수밖에 없지만, 내가 고참이 되면 어떤 일이 있어도, 군기를 잡는다는 이유로 후임을 때리지 않겠다는 것. 죽는 한이 있더라도 그 다짐만은 끝까지 지키겠다고 결심했다.

결심을 지키는 일은 절대 쉽지 않았다. 선임하사관의 압박과 갖가지 난관이 있었지만, 끝내 나 자신과의 약속을 지켜내고 제대했다. 아무에게도 말한 적은 없지만, 지금도 내 안에 남아 있는 조용한 뿌듯함이다.

물론 대가도 있었다. "군기를 안 잡는다"는 이유로, 병장인 내가 오히려 선임하사관에게 대신 맞는 일도 있었다. 그것도 후임들 앞에서, 입술이 찢어질 만큼 얻어 맞았다. 그 선임하사관의 이름은 45년이 지난 지금도 잊히지 않는다.

지금 같으면 군 전체를 뒤흔들 사건이겠지만, 그 시절엔 그저 당연하게 넘어갔다. 이렇듯 무모하리만큼 고집스러운 내 결심을 지켜낼 수 있었던 건, 참기 힘든 순간마다 떠오르던 어머니의 모습 덕분이었다. 부당한 일에는 물러서지 말고, 옳다고 믿는 길은 끝까지 지켜야 한다는 힘. 그건 분명 어머니에게서 배운 것이었다.

힘든 군 생활 3년을 마치고 세상으로 나왔지만, 마음은 오히려 더 조급해졌다. 가지 않아도 될 군대를 다녀왔다는 생각이 늘 머릿속을 맴돌았다. 함께 출발한 동료들보다 3년 늦었다는 느낌을 지울 수 없었고, 그 3년을 따라잡으려면 남들보다 세 배는 더 부지런히 살아야 한다고 믿었다.

내가 없는 동안 어머니의 걱정이 얼마나 컸는지는, 아내가 창원에서 당시 교통편으로 온종일 걸리는 강원도 연천까지 혼자 면회를 왔을 때 알게 되었다. 아내는 어머니의 마음을 대신 전해주었고, 그제야 나는 어머니의 묵묵한 걱정이 얼마나 깊었는지를 비로소 깨닫게 되었다.

전역 후 공부에 매달릴 수밖에 없었던 건, 내 주변에는 요행을 바랄 만한 환경이 전혀 없었기 때문이다. 오로지 내 힘으로 해내야 했기에, 공부 외에는 답이 없었다. 공부를 위해 필요한 건 다름 아닌 시간이었다. 대학 시절부터 친구들과 서서히 멀어진 것도 그 때문이었다. 하나를 얻으려면 하나를 내려놓아야 한다는 사실을 그때 배웠다. 내가 내려놓은 건 '친구들' 그리고 '모임'이었다.

단언컨대 그 시절의 절박함이 지금의 나를 만들었다. 특히 그 시기, 어머니가 평소 내게 해주신 '니 하고 싶은 대로 해라'는 말씀이 얼마나 큰 힘이 되었는지 모른다. 다른 어머니였다면 "안전한 길로 가라"거나 "무난하게 해라"라고 하셨을지도 모른다. 그러나 어머니는 달랐다. 한결같이 내 선택을 믿어주셨다. 그 믿음이 있었기에 가보지 않은 험한 길도 주저 없이 걸어갈 수 있었다.

목표를 설정하고 최선을 다한다는 신념

제대하고 다시 대학 입시 공부를 해야 했지만, 준비 기간이 너무 짧았다.

그때 또 한 번 깨달았다. 그 여파가 다음 단계까지 이어진다는 것을 깨달았다. 짧은 기간인지라 공부로 좋은 점수를 기대하기 어려웠고,

수도권이나 먼 지역으로 유학할 형편도 되지 않았다.

결국, 선택한 곳은 경남대학교 전자계산학과였다. 컴퓨터를 전공하고 싶었지만, 그나마 가장 가까운 전공이 '전자계산학'이었다.

문제는 학비였다. 군 복무만 마쳤을 뿐, 모아둔 돈은 하나도 없었다. 어머니에게 손 벌릴 수 없었던 내가 고민만 하고 있던 차에 구세주처럼 나타난 사람이 지금의 아내였다. 나의 현실을 이해했던 아내는 결혼하기 전이었음에도, 나를 전적으로 믿고 뒷바라지를 아끼지 않았다.

어느 날 아내가 내게 조심스럽게 고백을 한 일이 있다.

나는 장난스럽게 "내가 들어도 되는 얘기야?"라고 물었더니, 대학(고려대)을 나온 친구 한 명이 집요하게 구애를 했지만 자기는 단호하게 거절했다는 것이었다.

게다가 집안 식구 모두가 그 친구를 반겼음에도 불구하고, 결국 나를 선택한 이유가 궁금했다. 아내는 곧바로 이유를 알려주지 않았고, 결혼할 무렵이 되어서야 진짜 이유를 알려주었다.

실상은 이랬다. 아내의 친정 식구들은 모두 술을 무척 즐겼고, 장인어른도 술로 인해 세상을 떠나셨을 정도였다. 그래서인지 아내는 술 마시는 사람을 지긋지긋하게 생각했다.

반면 나는 선천적으로 술 분해 효소가 부족해 소주 반 잔만 마셔도 얼굴이 홍당무가 되고, 두세 잔이면 그대로 기절하는 사람이었다. 아이러니하게도 이런 나의 약점이 아내에게는 배우자로서 합격점을 주게 한 이유가 됐다.

대학 입학 후에는 같이 출발한 친구들과 이미 3년의 차이가 난 터라, 그만큼 더 노력해야 한다고 마음먹었다. 입학식 날, 나는 4학년 졸업하는 내 모습을 머릿속에 먼저 그려두었다. 나는 노트 한 장에 다섯 가지 목표를 적었다.

일본어와 영어, 두 가지 외국어 회화 습득, 정보처리기사 1급 취득, 학점 4.0 이상 유지, 최신 컴퓨터 기술 트렌드 숙지와 이해. 이 목표들은 지방대학이라는 약점을 극복하고, 수도권 대학생들과 경쟁에서 우위를 점하기 위한 전략이었다.

결과는 기대 이상이었다. 졸업학점은 4.12였고, 정보처리기사 1급도 4학년 2학기 때 혼자만 합격했다. 외국어 공부는 NHK와 CNN 라디오를 매일 들으며 익혔다. 당시 국내에서는 워크맨이 귀했는데, 아내가 일본에서 어렵게 구해준 덕분에 종일 이어폰을 귀에 꽂고 다녔다.

정보처리기사 공부도 일본어로 된 문제집으로 했다. 일본어 교재로 공부하면 자격증 준비와 일본어 공부를 동시에 할 수 있다고 생각했다. 실제로 일본에도 정보처리기사 자격증 교재가 있었고, 그것 역시 아내에게 부탁해 구해왔다. 나는 지금도 아내가 어렵게 구해다 준 그 빛바랜 책을 소중히 간직하고 있다.

대학 시절, 나는 도서관에서 살다시피 했다. 도서관이 붐비면 빈 강의실을 전전하며, 아무도 오지 않는 조용한 공간을 찾아다녔다. 그럴 수 있었던 버팀목은 명확하게 세운 목표였다. 매일 눈으로 보고 머리로 새기다 보니, 순간순간 찾아오는 회의감도 비교적 수월하게 넘길 수 있었다.

사실 아내 강순옥 여사는 학비나 워크맨, 문제집 같은 공부 도구만 챙겨준 것이 아니었다. 수입이 없는 내가 자취까지 해야 했으니, 하루 두 끼를 사 먹는 일조차 부담이었다. 학교에는 교내식당이 없어서 대부분 도시락을 싸 다녔다. 밥 이야기를 꺼내자 아내는 아무 말 없이 집에서 도시락을 싸주기 시작했다.

점심만 먹고 저녁을 거를 수는 없으니, 기왕 싸는 김에 도시락 두 개를 부탁했다. 덕분에 하루 두 끼를 해결할 수 있었고, 형편이 더 어려운 학우와 나눠 먹기도 했다. 이 이야기는 세상에 단 한 번도 꺼낸 적 없는, 내 마음속에만 간직한 작은 비밀이다.

졸업이 다가올 무렵, 이름만 들어도 알 만한 대기업들은 현대, 삼성, 대우, 럭키금성, 대한항공, 금융사들이 있었고, 효성 정도도 그 반열에 올랐다. 그 시기에는 기업에서 학교로 직접 입사 원서를 보내주는 방식으로 채용 절차가 진행됐고…, 지방대학에는 많아야 한두 장만 들어왔다. 아예 주지 않는 회사도 적지 않았다.

그렇게 들어온 몇 장의 원서도 누구에게 돌아갈지 이미 정해져 있는 경우가 많았다. 지방대학에서는 '원서를 확보하는 것' 자체가 1차 관문이던 시절이었다.

하지만 지금까지 쏟아온 노력을 생각하면 쉽게 포기할 수는 없었다. 지방대에는 원서가 거의 들어오지 않았고, 알아보니 현대·삼성은 나이 제한이 만 29세였다. 나는 이미 서른 살, 지원 자격조차 없었다. 하늘이 무너지는 기분이었다.

그 와중에 한 줄기 희망이 보였다. 효성이었다. 효성그룹은 나이 제한에 걸리지 않는 유일한 선택지였다. 창업자 조홍재 회장이 50세 가까이 되어 창업한 이력이 있어서, "늦게 시작해도 된다"는 철학으로 유일하게 나이 제한을 없앤 것이었다. 단 하나의 문제는, 원서가 없었다는 점이었다.

이번에도 구세주는 아내 강순옥 여사였다. 어떻게 구했는지 묻기도 전에, 그녀는 효성그룹 원서를 내 손에 쥐여주었다. 결정적인 순간마다 천사처럼 나타나 내 길을 열어준 그녀에게, 그때도 깊은 동지애와 감사의 마음을 느꼈다.

나는 늘 이렇게 말한다.

"준비는 항상 하고 있어야 한다."

그날의 나는, 그 말의 진짜 의미를 실감했다. 준비된 자에게는 반드시 기회가 온다.

그리고 마침내 서류 합격 통지를 받았을 때, 눈물이 날 뻔했다. 지방대학 출신에게 서류 통과는 그 자체로 하나의 높은 벽을 넘는 경험이었다. 제일 먼저 소식을 전한 이는 어머니였고, 또 한 사람은 어느새 제2의 어머니가 되어 있던 아내 강순옥 여사였다.

필기시험(영어)과 임원 면접을 보러 서울에 갈 때도 아내가 동행했다. 촌놈을 서울에 혼자 보내는 것이 걱정되었던 모양인데, 사실 나는 그 동행이 무척 든든했다.

포기하지 않고 면접 자리까지 갈 수 있었던 나의 취업 스토리는 지금도 학생들 취업 특강 때 들려주는 단골 스토리이다.

무엇이든 명확한 목표를 세우고, 그 목표를 달성하기 위한 전략과 전술을 준비하는 것은 기본이다. 하지만 진짜 차이를 만드는 것은 '타겟에 맞는 준비'이다. 그날 나는, 맞춤형 준비로 떨리는 면접장에서도 당당히 맞설 수 있었다.

꿈에도 그리던 최종 합격 통보를 받았다. 기뻐할 틈도 없이 곧바로 그룹 연수 차 안양으로 올라갔다. 그곳에는 전국 단위 그룹 공채에서 선발된 수백 명의 신입사원이 한곳에 모여 있었다. 2개월 동안 진행된 연수는 거의 군대식이었다. 외국어 집중 교육, 영업 실습, 그룹사 순회, 각종 행사 참여까지 숨 돌릴 새가 없었다.

연수 막바지에 '최종 배치 희망서'를 작성하라는 지시가 내려왔다. 1·2·3지망을 적어 제출하라는 것이었는데, 대부분은 서울이나 수도권, 또는 그룹의 핵심 계열사를 1순위로 썼다. 마치 또 한 번의 경쟁이 시작된 듯한 분위기였다. 그런데 나는 1·2·3지망 모두 '창원'이라고 적었

마침내 서류 합격 통지를 받았을 때 눈물이 날 뻔했다.
지방대학 출신에게 서류 통과는
그 자체로 하나의 높은 벽을 넘는 경험이었다.
제일 먼저 소식을 전한 사람은 어머니, 그리고 어느새
제2의 어머니가 된 아내 강순옥 여사였다.

다. 모두가 의아해했지만, 내 마음속에는 이미 이유가 분명했다. 정신없이 바쁘고 삭막한 서울은 왠지 내가 있을 곳이 아니라는 확신이 들어서였다. 다른 동기들이 모두 서울이나 수도권을 지망할 때, 1·2·3지망 모두 창원에 있는 업체로 적은 나를 연수 담당 과장이 따로 불렀다.

"양환씨. 처음 일을 시작할 때는 서울이 승진에도 유리한데 바꿀 생각 없어요?"

과장이 넌지시 조언을 건네기도 했지만 내 결심은 변하지 않았다. 결국, 경쟁자는 단 한 명도 없었고, 나는 원했던 대로 창원 효성중공업에 배치될 수 있었다.

1988년 사번으로 창원 효성중공업에 임명되어 직장 생활을 시작하니, 입대 전 삼성중공업에서 일했던 시절이 자연스레 떠올랐다. 비록 만드는 제품은 달랐지만, 현장의 공기와 업무 흐름은 크게 다르지 않았기 때문이다.

그러나 결정적인 차이가 있었다. 예전에는 고졸 5급 사원이었지만, 이제는 대졸 3급 사원이 되었다는 사실이다. 직급의 차이는 단순한 숫자가 아니었다. 마치 세상이 바뀐 듯한 격세지감이었다.

대학 시절 세웠던 학점4.0 이상, 정보처리기사 1급 취득, 외국어 회화, 최신 컴퓨터 기술 트렌드 습득이라는 치밀한 목표들은 결국 효성 입사로 이어졌다.

효성 시절과 일본 진출

1988년, 효성중공업 창원공장에 입사해 부서 배치를 받고 보니 부서 인원 30여 명 중 전산 전공 대졸 출신은 나를 포함해 단 두 명뿐이었다. 나머지는 모두 학원에서 배워 들어온 사람들이었고, 7~8년을 근속해도 5급에서 4급으로 승진하기까지 오랜 시간이 걸렸다. 나는 대학을 졸업하자마자 3급으로 입사했으니, 그들의 방어적인 태도와 거센 텃세는 어쩌면 당연했다.

나는 단순히 일을 잘하는 것보다, 조직 안에서 내 자리를 만들어내는 것이 더 큰 과제라고 여겼다. 회사 내부에는 학연과 지연이 깊게 얽혀 있었다. 고려대 학연, 부산대 학연 등등… 하지만 나는 그 어디에도 속하지 않았다. 능력을 인정받기 전까지는 그 벽이 쉽게 허물어지지 않았다. 하급 직원들에게 업무를 지시해야 했지만, 그들은 내 말을 곱게 받지 않았다.

"이거 내일까지 부탁합니다."

"왜 내일까지 해야 합니까? 3일은 줘야죠."

말이 통하지 않는 벽을 넘기 위해서는, 무엇보다 내 실력을 쌓는 것이 먼저였다. '6개월 안에 승부를 본다'는 목표를 세우고, 주말도 공휴일도 없이 새벽까지 남아 업무를 익혔다. 남들 퇴근한 뒤 사무실로 돌아와 혼자 남아 파고든 시간은, 6개월 후 강력한 무기가 되었다.

"이건 하루는 걸립니다."

"아닙니다. 이렇게 하면 3시간이면 끝납니다."

전산실의 갑질 관행도 바꿨다. 예전에는 현업 직원들이 전산실 문 앞에서부터 주눅 들었고, 잘 보여야 일이 처리됐다. 하지만 나는 전산실은 서비스 부서라고 못 박았다. 3일 걸리던 일을 3시간 만에 해주면서, 효율은 자연스럽게 올라갔다. 부서 분위기도 달라졌다.

4년 차가 되자 업무는 손에 익었고, 업무가 반복되면서 일에 대한 흥미가 서서히 식어갔다. 바로 그 무렵, 일본에서 걸려온 한 통의 전화가 내 마음을 흔들었다.

"모시 모시~"

익숙한 일본어 인사말에 무심코 일본어로 답했다. 전화를 건 이는 일본의 한 헤드헌터였다. 조건은 명확했다. 일본어 가능자, 전산 전공자, 대기업 3년 이상 경력자. 그 조건에 딱 맞는 대상이 바로 나였다.

아버지가 일본에서 일하셨고, 삼성중공업 시절 일본인과 회의를 지켜보며 '언젠가 나도 저 자리에 서고 싶다'고 마음속에 새겼던 기억이 번쩍 떠올랐다. 그러나 안정적인 대기업을 그만두고 일본으로 향한다는 건 결코 가벼운 결정이 아니었다. 주변에 조언을 구하니, 열이면 열 모두가 고개를 저었다. "안정된 길을 두고 왜 힘든 길을 가려 하느냐?"고 말이다.

유일하게 반대하지 않은 두 사람이 어머니와 아내였다. 어머니는 내가 일본어를 공부하며 "언젠가 일본에 가고 싶다"던 말을 기억하셨던 것 같다. 대부분 부모라면 말릴 법한 일이었지만, 어머니는 달랐다.

조건은 분명 매력적이었다. 당시 대기업 연봉의 세 배, 거주할 맨션까지 제공됐다. 그러나 나를 움직인 건 돈이 아니었다. 학연과 지연 없이, 오직 실력으로 IT 선진국에서 평가받고 싶은 마음이었다. 배우고 성장하고자 하는 열망 하나로, 나는 일본행을 결심했다.

이때 가장 마음에 걸린 사람은 아내였다. 아내와 아이를 두고 가야 했기에 혼자서 집안 살림과 육아를 책임지는 아내에게 가장 미안했다.

그런 아내는 지금도 나를 두고 '돈을 모르는 사람'이라고 한다. 돈이 되느냐 안 되느냐로 움직이는 성격이 아니기 때문이다. 그때나 지금이나 나는 계산부터 하는 사람이 아니다. 이것저것 따지기보다 '배울 기회'라는 생각 하나로 큰 결정을 내릴 수 있었다.

아내와 아이를 두고 홀로 일본으로 건너가 5년간 일했다. 그곳에서는 한국에서 전혀 쓰지 않던 언어와 개발 도구를 사용해야 했고, 모든 것을 처음부터 배워야 했다. 매뉴얼화된 일본의 업무 문화, 치밀한 보고 체계, 이동 경로까지 보고하는 조직 문화는 처음에는 버거웠지만, 훗날 창업할 때 큰 자산이 되었다. 소프트웨어 세계처럼, 시작이 있으면 반드시 끝이 있다는 원리, 그리고 그 길을 치밀하게 설계하는 사고방식은 일본에서 얻은 가장 큰 수확이었다.

내게 일본행은 단순한 이직이 아니었다. 어머니가 심어주신 도전 정신과 책임감이 만들어준 새로운 길이었다. 새로운 세계 앞에서도 물러서지 않고, 선택한 길에서 끝까지 배우고 완수하려는 태도. 그것이야말로 어머니의 삶에서 보고 배운, 가장 값진 유산이었다.

코아시스템 창업과 어머니의 가르침

5년간의 일본 생활을 마치고 한국으로 돌아왔을 때, 내 마음속에는 이미 새로운 그림이 그려져 있었다. 일본에서 배운 체계적인 업무수행 방식과 고객을 먼저 생각하는 현장 감각, 그리고 어머니께서 늘 강조하신 "책임 있게 해라"는 말씀은 내 선택의 기준이자 행동의 원칙이 됐다. 안정된 직장으로 돌아가기보다, 내 이름을 건 회사를 세우기로 결심했다.

창업 당시 소프트웨어 기업이 오래 생존할 수 있는 원칙을 세웠는데, 그것을 단어로 표현하면 Open, Think, Simple이다. 이 원칙은 지금도 코아시스템의 사훈으로 이어지고 있다. 영어 명칭과 발음이 다른 이유를 궁금해하는 사람들이 많은데, 설명하자면 회사 영문명은 CoreSystem이지만, 'Core'의 일본식 발음을 따서 '코아'로 불리게 됐다. 1997년 개인회사로 창업해 1998년 법인으로 전환했다.

마침 그해 IMF 외환위기가 터졌다. 대부분에게는 절망의 시기였지만, 내게는 역으로 기회가 됐다. 초기 고객이 일본 기업들이었기에 환율 급등이 매출에 그대로 반영됐다. 1억 매출이 환차익 덕에 1억 5천으로 불어났으니, 야말로 예상치 못한 어부지리였다.

하지만 내가 창업을 선택한 이유는 따로 있었다. 그때만해도 경남의 소프트웨어 산업은 '불모지'나 다름없었다. 누군가는 시작해야 했다.

"맨땅에 헤딩이라도 해보자."

경남의 소프트웨어 산업을 내가 일으켜 보겠다는 포부로 코아시스템의 깃발을 올린 것이었다.

같은 시기, 지구 반대편 미국에서는 구글이 차고에서 창업했다. 그들은 두 명, 우리는 세 명이었다. 같은 해 창업이라는 공통점은 있지만, 지금의 결과는 전혀 다르다. 돌이켜보면, 그 차이를 만든 진짜 요인은 산업의 '생태계'였다.

구글은 촘촘한 기술 생태계 속에서 성장했고, 우리는 보호 장치 하나 없는 메마른 땅에서 버텨야 했다. 그 가혹한 현실이 얼마나 큰 차이를 만들었는지, 이제야 절실히 깨닫는다.

산업 생태계와 이를 보호하는 환경이 마련될 때 비로소 소프트웨어 산업은 빛을 발할 수 있다. 다른 산업도 마찬가지겠지만, 특히 소프트웨어 산업은 주변에 같은 산업군이 형성될 때 폭발적인 시너지가 발생한다. 그런 의미에서, 당시의 선택을 돌아보면 아쉬움이 남는 건 어쩔 수 없다.

그렇다고 주저앉아 있을 수만은 없는 일이다. 나는 회사를 세우며 스스로 한 가지 약속을 했다.

"30년 약속은 하루아침에 완성될 수 없다."

소프트웨어는 한 번 팔고 끝나는 상품이 아니라, 지속적인 서비스와 신뢰 위에서 존재하는 사업이기 때문이다.

지키기 불가능한 허구처럼 보일 수도 있다. 그래서 나는 10년 단위로 나눠서 약속을 지키려 해왔다. 1998년부터 첫 10년을, 이어 두 번째 10년을, 그리고 지금은 마지막 10년을 달리고 있다. 2027년이면 꼬박 30년이 된다.

경남에서 소프트웨어 기업으로 30년을 버틴다는 것, 작은 회사로 살아남는다는 것은 절대 만만치 않은 현실이다. 좋은 아이디어를 대기업에 빼앗기거나, 핵심 인력을 스카우트해 가는 일도 있었고…, 거래처를 막아 회사의 숨통을 죄는 때도 있었다. 하지만 어머니 말씀처럼, 책임지고 끝까지 지켜낼 각오가 있었기에 버틸 수 있었다.

사실 일본에서 회사에 다닐 때만 해도 창업은 생각조차 하지 못했다. 그러나 귀국 후 대학 특강을 하면서 생각이 달라졌다. 한국과 일본의 기술 격차가 4~5년쯤 나던 시절, 내가 전하는 이야기는 국내 대학, 산업계에는 신선한 자극이었고, 그에 발맞춰 대학들은 지속적으로 강의를 요청해 왔다. 여러 대학과 현장에서 강의를 이어가면서 자연스럽게 '현장에서 통하는 소프트웨어 교육'에 대한 고민이 깊어졌다.

강단 위에서 느낀 건 단 하나였다.

"이대로는 안 된다."

대학에서 배운 것과 현장에서 실제로 필요한 것은 전혀 달랐다. 강의실에서는 여전히 수십 년 전 방식의 이론 위주 교육이 이어지고 있었고, 학생들은 졸업장을 손에 쥐고도, 실제 프로젝트 하나 제대로 수행해 본 경험이 없었다. 내가 현장에서 수없이 마주했던 '배움과 현실의 간극'이, 강의실에서도 그대로 반복되고 있었다.

그래서 나는 마음을 굳혔다. 학생들이 졸업과 동시에 현장에 투입되어도 흔들리지 않도록, 이론이 아닌 '프로젝트 중심 교육'으로 바꾸자고 말이다. 단순히 코딩 문법이나 시험문제 풀이가 아니라, 기획부터 개발, 테스트, 배포까지 실제 산업현장에서 진행되는 과정을 똑같이 경험하게 하는 방식이었다.

반발도 적지 않았다. 교수진 일부는 "학생 수준에 맞지 않는다", "실무는 회사 가서 배우면 된다"라며 고개를 저었다. 하지만 나는 확신이 있었다. 현장에서 바로 쓸 수 없는 지식은 반쪽짜리에 불과하다는 사실을 뼈저리게 느꼈기 때문이다.

그렇게 시작한 시도가 몇 년 뒤 'PBL(Project-Based Learning)'이라는 이름으로 전국 대학에 확산되었다. 그제야 내 생각이 틀리지 않았음을, 그리고 그때 품었던 문제의식이 헛되지 않았음을 확인할 수 있었다. 지금도 많은 대학에서 PBL을 자랑처럼 도입하지만, 내겐 그것이 단순한 교육 방식이 아니라, 현장에서 살아남는 인재를 길러내기 위한 절박한 선택이었다. 내가 이 이야기를 처음 꺼낸 것이 1991년이었다.

나는 원래 반복적인 단순 업무에는 금세 싫증을 내는 성격이다. 같은 일을 하루하루 되풀이하는 환경에서는 급격히 에너지가 떨어졌다. 그래서 삼성중공업, 효성중공업 회사에서 늘 그 지겨움이 닥치는 3년을 주기로 새로운 일을 찾아 바꾸며 도전적인 자극과 배움을 찾아다녔다.

소프트웨어 회사를 창업한 이후, 단 한 번도 업종을 바꿔야겠다는 생각이 들지 않았다. 30년을 채우게 된 지금까지도 이 일은 여전히 나를 설레게 한다. 이유는 분명하다. 소프트웨어는 본질적으로 '변화'하는 산업이기 때문이다. 기술은 하루가 다르게 진화하고, 고객의 요구도 끊임없이 새로워진다. 오늘의 해법이 내일은 더 이상 통하지 않을 수도 있다. 이 변화를 따라잡으려면 배우고, 실험하고, 개선하는 과정을 멈출 수 없다.

반복과 정체를 싫어하는 내 성향은, 끊임없는 변화를 요구하는 소프트웨어 산업과 절묘하게 맞아떨어졌다. 1978년, 컴퓨터를 배우겠다고 결심한 순간부터 지금까지, 나는 지루할 틈도 없이 매일 새로운 도전에 몰입하며 38년을 버텨올 수 있었다.

그리고 그 긴 세월 동안 내가 변화를 두려워하지 않을 수 있었던 뿌리에는, 어머니의 가르침이 있었다. "네가 하고 싶은 길을 가되, 그 선택에 책임져라."

그 한마디가 있었기에, 나는 변화를 기회로 바라보고 어떤 어려움 속에서도 물러서지 않을 수 있었다.

어머니와의 마지막 그리고 현재

창업 후 정신없이 일하던 시절, 인생에서 너무나 큰 고비를 맞았다. 몸과 마음이 모두 바닥난 어느 날, 발길이 이끄는 대로 찾은 곳은 남지 고향의 어머니 집이었다. 툇마루에 어머니가 앉아 계셨다.

"웬일로 이 시간에 니가 다 왔노?" 물으실 법도 했지만, 어머니는 그저 반가운 미소만 지으셨다. 고민을 털어놓을 수도, 털어놓고 싶지도 않았던 나는 어머니와 나란히 툇마루에 앉아 마당만 바라보았다. 잠시 후, 나도 모르게 어머니 무릎에 머리를 기댔다.

5분쯤 지났을까, 어머니가 조용히 한마디 하셨다.

"니, 무슨 일 있구나."

그게 전부였다. 무슨 일이냐고 묻지도, 이렇게 해라. 저렇게 해라. 조언하지도 않으셨다. 긴 설명도, 장황한 충고도 필요 없었다. 네 마음을 안다'는 그 따뜻한 위로가 나를 다시 일으켜 세웠다. 그 장면은 지금도 눈물이 맺히는, 지워지지 않는 기억으로 남아 있다.

"니, 무슨 일 있구나."

그게 전부였다. 무슨 일이냐고 묻지도,
이렇게 해라. 저렇게 해라. 조언하지도 않으셨다.
긴 설명도, 장황한 충고도 필요 없었다. '네 마음을 안다'는
그 따뜻한 한마디가 나를 다시 일으켜 세웠다.

결혼 후 10년쯤 지났을 무렵, 어머니는 다른 병으로 입원하셨다가 천식 합병증이 급격히 악화했다. 호흡기를 차고 중환자실을 오가던 날들이 이어졌고, 숨을 가쁘게 몰아쉬던 어머니의 얼굴이 지금도 눈에 선하다.

그리고 어느 날, 병원 복도에서 그 소식을 들었다. 내게 세상과의 모든 연결고리를 만들어주신 어머니는 그해 봄, 유달리 일찍 핀 벚꽃 속에 우리를 남겨 두고 먼 길을 떠나셨다. 일순간 세상이 멈춘 듯했다. 평생 든든한 버팀목이었던 분이 사라졌다는 현실이 믿기지 않았다.

슬픔을 억눌렀지만, 가슴 한가운데가 무너져 내리는 기분이었다. 어머니가 없는 세상을 살아가야 한다는 사실을 받아들이기까지는 오랜 시간이 걸렸다. 어머니를 보내는 마음이야 누구나 비슷하겠으나, 얼마간 세월이 흘렀음에도 어머니를 그리워하는 마음은 여전하여 글을 쓰는 지금도 눈물이 고이는 건 어쩔 수가 없다.

어머니는 내게 뿌리와 같다. 오래 곁에 있어 주신 것도, 이래라저래라 하지 않고 묵묵히 지켜봐 주신 것도 감사하기만 하다. 중학교 입학 때, 책이 꼭 필요했지만, 집안 형편이 어려워 살 수 없었던 적이 있었다. 그때 어머니가 누나에게 부탁해 책을 마련해 주셨는데, 그 기억은 여전히 내 마음속에 고이 간직하고 있다.

책에 대한 갈증은 아마도 그때부터였던 듯 하다. 단언컨대, 그 결핍

이 오히려 나를 더 독하게 만들었다. 고등학교 시절, 나는 스스로 다짐했다. "항상 왼손에 책을 들고 살겠다." 읽든 읽지 않든, 늘 왼손에 책을 들고 다니며 언제든 펼쳐볼 수 있도록 했다. 일본에 있을 때도, 결혼 후에도 그 습관은 변하지 않았다. 시간이 나면 아이들을 서점에 데리고 가 책 속에서 시간을 보내게 하기도 했다.

요사이 나 역시 온라인으로 책을 구매하기도 하지만, 주말이면 꼭 오프라인 서점에 들른다. 서점에 들어서는 순간, 마음이 부자가 되는 듯한 기분과 묘한 힐링이 찾아온다. 그곳에는 오랜 세월 찾아 헤맨 나만의 보물이 고스란히 숨어 있는 듯하다.

나는 처음부터 책을 좋아했던 사람이 아니었다. 중학교 시절, 공부해야 하는데 책이 없었던 경험이 오히려 책에 대한 집착과 애착을 만들었다. 내게 책은 단순한 지식의 도구가 아니라, 살아남으려는 방편이었고 세상의 벽을 넘고 이겨내기 위한 무기였다.

나는 늘 목표를 세우고, 그 목표를 향해 달려가며 성취하는 방식으로 살아왔다. 나이가 들었지만, 한 번 몸에 밴 습관은 쉽게 사라지지 않는다. 그래서 여전히 목표가 있는 삶을 산다.

다음 목표는 대학원 공부다. 올해 AI·소프트웨어 융합전문대학원에 등록한 것도 그 증거다. 요즘은 AI를 빼놓고는 세상을 이야기할 수 없고, 특히 소프트웨어 산업에서는 더욱 그렇다. 그래서 또 배운다. 평생 배움이야말로 내 삶을 지탱하는 가장 강력한 힘이기 때문이다.

이렇듯 내가 평생 공부를 놓지 않을 수 있었던 건 전적으로 어머니 덕분이다. 어머니는 공부하는 방법을 가르쳐주신 게 아니라, 공부하는 마음을 심어주셨다. "학교는 빠지지 마라"는 말씀은 단순히 출석하라는 뜻만은 아니었다. 배움에 대한 갈증을 잃지 말라는, 곧 인생을 대하는 태도에 관한 가르침이었다.

돌아가신 뒤에야 비로소 보이기 시작했다. 살아계실 때는 당연하게 여겼던 것들이, 얼마나 크고 소중한 선물이었는지.

어머니는 내게 '성공하는 방법'을 가르쳐주신 게 아니었다. '사람답게 사는 방법'을 가르쳐주셨다.

"부당한 건 참지 마라."

"책임 있게 해라."

"니가 하고 싶은 대로 해라."

짧고 단순한 말씀 속에, 나를 향한 믿음과 인생의 모든 지혜가 고스란히 담겨 있었다.

요즘 젊은 직원들을 볼 때면, 어머니 생각이 자주 난다. 그들 곁에도 어머니처럼 든든한 버팀목이 되어 주는 사람이 있을까. 그리고 나는 과연, 어머니가 나에게 해주셨던 것처럼 그들의 버팀목이 될 수 있을까.

어머니는 내 인생의 가장 큰 스승이었다. 세상의 어떤 책이나 강의보다 더 값진 가르침을 주신 분. 그 가르침이 지금의 나를 만들었고, 앞으로도 내 삶을 이끌어갈 것이다.

2027년, 30년 약속을 완수하면 제주도로 갈 것이다. 수십 번이나 걸었던 올레길을 다시 걸으며, 어머니와 함께했던 모든 순간을 하나하나 되새겨볼 생각이다. 그때는 마음 놓고 이렇게 말할 수 있을 것 같다.

"고맙습니다, 어머니."

어머니가 심어주신 씨앗이 이렇게 큰 나무로 자랐다고, 그 가르침이 이제는 나를 넘어 더 많은 사람에게 전해지고 있다고. 그것이 아마도 내가 어머니께 드릴 수 있는 최고의 선물일 것이다.

내 인생에서 가장 큰 행운은, 그런 어머니의 아들로 태어난 것이었다. 이제 그 행운을 다른 이들과도 나누고 싶다. 어머니가 내게 그랬던 것처럼. 묵묵히, 그리고 따뜻하게.

어머니께
드리는 편지

　어머니, 그곳에서는 편안히 잘 계시지요?

　어느덧 어머니께서 제 곁을 떠나신 지도 스무 해가 훌쩍 지났습니다. 하지만 저는 여전히 어머니의 막내아들이고, 여전히 어머니 곁이 그립습니다. 돌아가신 후에도 마음속에서는 늘 대화를 이어왔지만, 이렇게 글로써 마음을 남기는 건 처음인 것 같습니다.

　살아계실 때는 참 어리석게도 모든 것이 당연한 줄만 알았습니다. 그러나 어머니가 계시지 않는 세상에서야, 그 모든 것이 얼마나 특별하고 귀한 선물이었는지 뼈저리게 깨닫습니다.

　고향 남지를 찾을 때면, 여전히 그 자리에 어머니가 계실 것만 같은 착각이 들어 발걸음을 멈추곤 합니다.

　"학교는 빠지지 마라."

　"뭐든 책임 있게 해라."

　"니가 하고 싶은 대로 해라."

　짧지만 깊었던 말씀들은 제 삶의 등불이 되어주었습니다.

　그 안에는 배움의 의미, 고객과의 30년 약속을 지켜낸 성실함, 어려움 앞에서도 물러서지 않는 용기까지 모두 담겨 있었습니다.

　지금도 중요한 결정을 내려야 할 순간이면 어머니의 목소리가 제 귀에 울려옵니다.

힘겨웠던 시절, 어머니 고향 집 툇마루에 나란히 앉아 있다가 무심코 무릎에 머리를 기댔던 순간이 떠오릅니다. "니, 무슨 일 있구나." 하고 건네시던 따뜻한 한마디와 손길. 그 온기가 지금도 가슴을 사무치게 파고듭니다. 그 따뜻함을 한 번만이라도 다시 느낄 수 있다면, 무엇이든 내어줄 수 있을 것 같습니다.

어머니, 제가 창업한 코아시스템이 이제 많은 사람들에게 알려지고, 소중한 동료들과 함께 성장하고 있습니다. 하늘에서 이 모습을 기쁘게 지켜보고 계실 거라 믿습니다. 가정이든 회사든 "사람이 중심"이라는 철학은 모두 어머니에게서 배운 것입니다. 말보다 행동으로 사랑을 보여주시고, 제 선택을 끝까지 믿어주신 덕분에 저는 수많은 도전을 이어올 수 있었습니다.

어머니를 떠나보낸 지 20년이 넘었어도, 제 마음 한구석은 지금도 여전히 텅 빈 채로 남아 있습니다. 기쁜 소식이 있을 때마다 제일 먼저 어머니께 달려가 전하고 싶지만, 그러지 못하는 현실이 늘 아쉽습니다.

"고맙습니다. 그리고 사랑합니다."

어머니가 심어주신 씨앗은 이렇게 큰 나무로 자라, 많은 사람에게 그늘과 열매를 나누고 있습니다. 더 자랑스럽게 말씀드릴 수 있도록, 남은 생도 최선을 다하겠습니다.

- 언제나 어머니를 그리워하고
사랑하며 존경하는 막내아들 올림

고성의 작은 시골마을에서 일곱째 딸로 태어난 제순효가 30여 년간 유아교육계를 이끄는 리더로 성장하기까지, 그 중심에는 "한번 해봐"라는 격려로 평생 자녀들을 지지한 어머니가 있었다. 1992년 유치원 교사로 시작해 2003년 어린이집을 개원한 후 현재까지 어린이집 원장을 역임하며, 창원시국공립어린이집연합회 회장과 경남국공립어린이집연합회 이사를 역임하는 등 지역 보육정책을 이끌어왔다. 교육학에 이어 상담심리학을 공부하여 청소년 상담과 부모교육 전문강사로도 활동하고 있으며, 2019년 대장암 3기 진단을 받고도 치료와 일을 병행하며 완치 판정을 받았다. 보건복지부장관상을 비롯해 다수의 표창을 받았고, 현재 마산동백로타리클럽 회장으로서 지역사회 봉사에 헌신하며 어머니로부터 물려받은 '따뜻하게 사람을 품는' 가치를 실천하고 있다.

따뜻하게 사람을 품는 사람

창원시립가포어린이집 원장
제순효

제순효의 어머니 허임선

1932년 경남 고성군 개천면에서 태어난 어머니는 아들 둘에 딸 여섯을 둔 탓에 숱한 구박을 받으면서도 굴하지 않았다. "한 번 해봐, 그게 뭐시라고"라며 자식들의 등을 따뜻하게 떠밀던 격려는, 고단한 삶 속에서도 희망을 잃지 않게 한 힘이었다. 손에 굳은살이 박히도록 일하면서도 이웃을 살뜰히 챙기던 모습은, 결국 딸을 모두의 어머니로 살아가게 하는 원동력이 되어 주었다.

○

　사람들이 나에게 붙여준 별명이 있다. '따뜻하게 사람을 품는 사람'이라는, 조금은 긴 별명이다. 처음 들었을 때는 쑥스러웠지만 지금은 이 말의 근원을 안다.
　57년의 세월을 돌아보면, 내 삶의 매순간마다 엄마의 흔적이 스며있다. 엄마의 딸로 태어나 엄마를 닮아가며, 이제는 많은 이들에게 또 다른 엄마가 되어가는 나의 이야기 그리고 이런 나를 만들어준 우리 엄마의 이야기를 써보려 한다.

　엄마는 1932년생이다. 고성 개천면에서 자란 첫째 딸로, 그 시절 여자아이로서는 보기 드물게 교육받은 분이셨다. 일제강점기 군서기를 하셨던 외할아버지께서 소학교를 보내준 덕에 한글과 일본어를 모두 깨칠 수 있었던 것이다.
　엄마가 열여덟 살에 농사밖에 모르던 우리 아버지에게 시집을 오게 된 사연은 남달랐다. 외할아버지가 "배운 사람들은 다 첩을 두게 되니 순박하게 농사만 짓는 사람이면 좋겠다"며 아버지를 배필로 삼았기 때문이다. 첩살이로 딸이 고생할까 봐 고개 하나 넘어 사는 순박한 청년이었던 아버지를 찾아내신 것이었다. 그렇게 얼여덟 살 꽃다운 처녀가 스물한 살 청년을 만났다.

 하지만 결혼생활은 엄마의 생각과는 전혀 달랐다. 남편은 천방지축에 가난한 농가에서의 시집살이는 하루하루가 고되기 그지없었다. 너무 다른 현실에 절망한 엄마는 딱 한 번 친정으로 도망을 갔다고 한다. 외할머니는 시집간 딸은 출가외인이라며 "죽어도 거기서 죽어라"고 내쫓으셨다.

 어쩔 수 없이 되돌아온 엄마는 스무 살에 첫 아이를 시작으로 딸 여섯에 아들 둘, 모두 여덟 남매를 3~4년 터울로 낳아 기르셨다. 나는 엄마가 37세에 낳은 늦둥이 일곱째, 막내딸이다.

 엄마와의 나이 차이가 적지 않지만, 오히려 그 간격이 우리를 더 가깝게 만들었는지도 모른다. 그 많은 자녀 중에서도 엄마는 유독 나에게 의지하셨다. 무슨 일이 있을 때마다 언니들이 아닌 내게 전화를 하셨고, 오빠에게 서운한 일이 있어도, 며느리들 때문에 속상해도 모든 고민을 내게 털어놓으셨다.

 지난 시절을 돌이켜보면, 나는 엄마의 상담자였고, 엄마는 내 인생의 가장 큰 스승이었다. 우리는 서로에게 없어서는 안 될 존재였다.

시골 마을, 그리고 편견 없는 밥상

내가 태어나 자란 곳은 고성군 대가면의 작은 마을이었다. 지금도 선명하게 기억나는 것은 우리 집 사랑채에 놓여있던 베틀의 모습이다. 엄마는 손재주가 정말 좋으셨다. 우리 옷을 직접 짜서 만들어주시고, 손뜨개질로 내복까지 떠서 입혀주셨다. 한복처럼 손이 많이 가는 옷도 엄마의 손에서 뚝딱 한 벌이 만들어지고는 했다.

그런 엄마에게서 내가 배운 가장 소중한 교육은 사람에 대한 편견을 갖지 않는 것이었다. 그 시절 시골에는 밥을 얻으러 다니는 거지들이 많았다. 다른 집에서는 그냥 보내곤 했지만, 우리 엄마는 달랐다.

거지가 오면 손을 씻게 하시고 우리 상에 함께 앉히셨다. 어린 마음에는 그게 정말 싫어서 "더럽잖아요" 하며 불만을 표현하기도 했지만, 엄마는 단호하셨다. "사람 위에 사람 없고 사람 밑에 사람 없다. 선입견 가지지 마라"는 말씀을 늘 하셨다.

보부상들이 와서 물건을 팔 때도 마찬가지였다. 엄마는 물건을 팔러 온 사람들에게 매번 밥을 먹여 보내셨다. 우리가 그렇게 잘 살지도 않았는데도 말이다. 그때는 이해할 수 없었지만, 세월이 흐른 지금에야 그것이 엄마만의 따뜻한 마음이었다는 것을 안다.

당시에는 농촌에서 딸을 낳는다는 건 죄를 짓는 일과 같았다. 엄마의 가장 큰 서러움이 바로 거기에서 나왔다. 딸 여섯, 아들 둘. 딸을 많이 낳았다는 것 말이다. 우리 옆집에는 거꾸로 아들 여섯에 딸 둘인 집이 있었는데, 그 엄마는 어딜 가나 대접을 받았고 엄마는 항상 눈치를 보셔야 했다.

특히 할아버지는 사할린에 간 큰아버지가 돌아가시고, 둘째 아들인 아버지를 외동아들처럼 키웠던 탓에 '아들'을 엄청나게 바라고 계셨기에 엄마를 힘들게 하셨다. 엄마 말로는 첫째도 둘째도 딸을 낳으니 할아버지의 구박이 심해 그 서러움이 말도 못 하게 컸는데, 그나마 셋째를 아들로 낳게 되어 천만다행이었다고 했다.

할아버지는 그렇게나 예뻐했던 셋째 손주가 돌을 맞았을 즈음 돌아가셨고, 엄마는 손꼽아 기다리던 손자를 보고 가신 게 다행스러운 일이라고 했다. 셋째를 아들, 그리고 여덟째인 막내를 아들로 낳았지만, 딸을 많이 낳았다는 이유로 엄마는 서러움을 많이 당하셨다.

"따뜻한 미역국을 실컷 먹어보는 게 소원이었다."

엄마는 종종 미역국을 보며 이 말씀을 하셨는데, 딸을 낳으면 미역국조차 마음 놓고 드실 수 없었다는 게 가슴 먹먹하게 다가왔다. 누구 하나 먹지 말라고 한 사람은 없었지만, 스스로가 딸 낳은 죄인이 되어 산후조리는커녕 미역국조차 마음껏 드시지 못한 채 곧장 밭일을 하러 가셨다니 지금으로서는 상상도 못 할 일이다.

내게는 더 가슴 아픈 사연도 있다. 엄마가 나를 낳으셨을 때의 일이다. 내가 고등학교 사춘기 때, 앞집 아주머니가 내게 한 말이 있었다.

"저거는 내 때문에 살았다."

하루는 붙잡아 무슨 말이냐 물으니, 내가 또 딸이라서 할머니가 보자기에 싸서 죽으라고 방 한쪽에 밀어 놓았다는 거다. 아주머니 말로는 보자기를 들춰 봤더니 내 얼굴에 개미가 우글거릴 정도로 다 죽어가더란다. 보다 못한 아주머니가 아이인 나를 씻기고 엄마한테 데려다주며 빨리 젖을 먹이라고 했다고 한다.

이제 막 사춘기에 들어섰던 나는 그 말에 충격을 받아 펑펑 울고 말았다. '나는 죽어야 하는 아이였구나' 하면서 말이다. 그때 내 얘길 들은 엄마는 "저 아줌마 입이 방정이다. 할 말 안 할 말을 못 가린다"며 위로해 주셨지만, 그 속에 담긴 엄마의 아픔을 나는 훨씬 나중에야 이해하게 되었다.

엄마는 딸을 낳은 죄로, 시어머니의 행동에 반기를 들지 못했고 눈치만 계속 보실 수밖에 없었기에 일곱 번째 딸을 외면할 수밖에 없었다. 또 당시에는 아기였던 내가 '반 주검 상태여서 개미까지 기어 다녔나보다'라며 서럽게 울었지만, 실제로는 개미가 젖비린내와 아기 냄새를 기가 막히게 맡고 쫓아온 거란 걸 뒤늦게 알게 됐다. 그리고 결코 엄마는 나를 포기할 생각이 없었다는 것도.

평생을 돌봄으로 채운 삶

　엄마의 시집살이는 정말 혹독했다. 결혼과 동시에 시작된 돌봄의 연속이었다. 할머니를 94세까지 모시며, 당뇨로 실명하신 할머니를 5년 가까이 수발하셨다. 할머니는 눈이 보이지 않아 소리에 예민하셨는데 며느리 소리가 안 들리면 "우리 며느리 어딨노?" 하며 찾으셨다고 한다.

　할머니가 돌아가신 후 한숨 돌리나 했는데 아버지가 당뇨 진단을 받으시면서 엄마의 병간호는 다시 시작됐다. 엄마는 그렇게 장장 30년 동안이나 가족을 수발하셨다.

　나중에 아버지가 기저귀까지 차고 누워 계시는 지경에 이르렀을 때도 엄마는 모든 걸 혼자 감당해야 했다. 아버지가 엄마 외에는 그 누구도 자신의 몸에 손대는 걸 허락하지 않으신 탓이었다.

　엄마의 고생이 너무 심하셔서 아버지를 요양병원에 모시자고 했을 때도 엄마는 극구 반대하셨다. 당연히 아버지가 원치 않으셨기에 본인이 희생하는 길을 택하셨을 터였다. 아버지는 병원에 가서도 간호사들에게 욕을 하시며 "내 몸은 만지지 마라"고 고래고래 소리를 지르셨다.

　그 모든 뒷바라지를 혼자 감당하신 엄마를 생각하면 정말 대단하다는 생각밖에 들지 않는다. 누가 지금 그렇게 하라고 하면 아무도 못 할 일이다.

그런 힘든 상황 속에서도 엄마는 우리에게 가장 소중한 것을 가르쳐 주셨다. 바로 자존감이었다. 엄마가 자주 하시던 말씀이 있다.

"혼자 밥을 먹어도 예쁘게 차려서 먹어라."

지금 생각해보니 이는 '너 자신을 존중하라'는 뜻이었다. 반찬 뚜껑만 열어 놓고 대충 먹지 말고, 혼자라도 제대로 그릇에 담아서 먹으면서 자기 스스로를 아끼라는 뜻이었다.

마을 잔치가 벌어졌을 때도 마찬가지였다. 다른 집 아이들은 모두 가서 맛있는 음식을 얻어먹었지만, 엄마는 우리를 쫓아내셨다. 절대 몰래 음식을 먹이는 일은 하지 않으셨다. 그때는 어린 마음에 정말로 이해할 수 없었다. 엄마가 일하시는 잔칫집에 왜 가면 안 되는지, 또 다른 엄마들처럼 잔칫집 음식을 한 입 몰래 먹여주지 않으시는지 참 궁금했다.

세월이 흘러 깨달은 것은, 엄마는 우리가 눈칫밥 먹는 일만큼은 절대 용납할 없어 하셨다는 것이다. 딸로 태어났다는 사실만으로도 천대받는데, 잔칫집에서까지 숨어서 먹이는 게 싫으셨던 모양이다. 엄마는 우리가 어디서건 존중받으며 살기를 간절히 바라셨다.

"결혼을 해도 너 혼자 밥을 먹을 때가 있더라도 부엌에 서서 먹지 마라. 상차림을 해서 먹어라."

지금도 나는 혼자 먹을 때도 항상 예쁜 그릇에 덜어서 먹는다. 엄마가 심어주신 자존감의 씨앗이 내 안에 남아 있기에 가능한 일이다.

자라면서 이상하게도 우리는 공부하라는 소리를 한 번도 들어본 적이 없다. 오히려 아버지가 "공부 그거 해서 뭐하노?"라고 하셨기에 숨어서 공부해야 했다. 금지당하니 더 하고 싶어지는 게 사람 마음이어서 그랬나 보다.

언니들은 농번기에 학교도 못 가고 일을 시켜서 호미를 집어 던지고 도망가기도 했다고 하는데, 신기하게도 나는 그런 기억이 없다.

엄마가 항상 하시던 말씀이 있다.

"손가락이 길어서 깨을게(게으르게) 생겼다. 순효는 깨을러서 안 한다"고 하시며 나만큼은 일을 시키지 않으셨다.

막내라서 받은 특혜일 수도 있지만, 지금 생각해보면 엄마만의 배려였던 것 같다. 딸들도 공부할 수 있다는 믿음을 심어주신 것이다.

고등학교에 진학할 때도 그랬다. "딸은 고등학교까지, 아들은 대학까지" 보내주는 게 우리집 불문율이었는데도 내가 고성여고 원서를 가져왔을 때 엄마와 아버지는 말없이 원서비를 내주셨다. 합격하자 엄마는 "당연히 되지. 우리 딸은" 하시며 미소를 지으셨다.

엄마가 내게 준 가장 큰 선물은 "한번 해봐"라는 말이었다. 무엇을 하려고 하면 언제나 그 말로 격려해주셨다. 실패해도 "그거 무시라고, 한 번 더 해보면 되지!" 하시며 대수롭지 않게 여기셨다.

엄마의 칭찬도 특별했다. "머리가 좋은 사람은 음식도 잘 한다더만,

세월이 흘러 깨달은 것은 엄마가
우리를 눈칫밥 먹이는 것을 견딜 수 없어 하셨다는 것이다.
딸로 태어난 것만으로도 천대받는데,
잔칫집에서까지 숨어서 먹이는 게 싫으셨던 모양이다.
엄마는 우리가 어디서건
존중받으며 살기를 간절히 바라셨다.

너는 진짜 맛있게 잘하네. 음식을 가르쳐준 적도 없는데 어쩜 그렇게 음식을 잘해" 하시며 자신감을 키워 주셨다. 그런 말씀을 하시니, 나도 모르게 요리에 자신감이 생겼다. "너는 하는 것마다 왜 이렇게 맛있냐"고 하시는 엄마의 목소리가 지금도 귓가에 맴돈다.

  우리의 이발을 담당하셨던 아버지가 바리깡으로 딸들의 머리카락을 남자아이처럼 짧게 깎아주셨을 때도 달래준 사람도 엄마였다. 어린 나는 머리카락을 짧게 자른 날은 서러움에 복받쳐 울곤 했다. 예쁘게 기르고 싶은데 왜 이렇게 짧게 자르냐며 속상해했다. 그럴 때마다 엄마는 옆에서 "괜찮다, 좀 있으면 자란다" 하며 다정하게 위로해주셨다.

  평소 아버지는 매우 엄한 분이셨다. 우리집에서는 아버지 말씀을 들을 땐 무릎을 꿇고 앉아 있어야 할 정도로 아버지의 말이 곧 법이었다. 혼이 날 때는 눈물이 쏙 빠지게 혼이 나기도 했다. 그래서인지 엄마는 혼을 내지 않으셨다. 아버지의 엄한 모습을 보며 우리를 안쓰럽게 여긴 탓일까. 엄마에게 혼난 기억은 나지 않는다. 엄마는 늘 다정하고 포근한 품을 내어주셨다.

  생각해보면 엄마가 해주신 다정한 말들이 지금의 나를 만들었다. 누군가에게 용기를 주고 싶을 때면 엄마의 그 말이 저절로 나온다.

  "한번 해봐, 한 번 해보면 되지."

아버지와 어머니의 간극

　우리 눈에 아버지는 엄하면서도 자상한 분이었다. 새벽 4시에 나가서 농사일을 하시고, 엄마는 아버지가 오시면 따뜻한 밥을 드릴 수 있도록 준비해 놓으셨다. 아버지는 정말 부지런하신 분이셨다. 동네 사람들도 "너희 아버지만 한 사람 없다"고들 했다. 남의 집 농기구가 고장 나면 고쳐주시고, 어려운 일이 있으면 앞장서 도와주시는 분이셨다. 우리 머리카락도 직접 깎아주시고, 장 보러 나가면 옷도 사주시고 신발도 사주셨다.

　하지만 엄마에게는 우리가 모르는 서러움이 있었다. 아버지의 자상함 뒤에 엄마의 숨겨진 아픔을 나는 성인이 되어서야 알게 되었다. 그것은 아버지는 엄마에게 전혀 경제권을 주지 않으셨다는 거다. 엄마에게는 지갑 자체가 없었다. 장을 보러 갈 때면 아버지는 엄마를 1미터 뒤에 따라오게 하고 혼자 물건을 골라서는 엄마에게 건네주셨다. 엄마는 아버지가 건네준 물건을 대야에 담아 머리에 이고 따라만 다니셨다.

　특히 엄마는 아버지가 물건값을 깎는 걸 견딜 수 없어 하셨다. 천 원짜리를 800원에 사시면 엄마가 나중에 몰래 200원을 더 주고 오는 분이 바로 우리 엄마였다. 엄마로서는 부끄럽고 초라한 마음이 들지 않을 수 없었으리라.

"나는 평생을 자식 옷 한 번 내 손으로 못 사입히고, 신발 한 번 내 손으로 못 사 신겼다"는 엄마의 고백이 지금도 마음에 남는다. 우리 눈에는 뭐든 다 해주시는 아버지가 자상한 분으로 보였지만, 엄마에게는 아무런 결정권을 주지 않는 아버지가 원망스럽고 서러운 대상이었을지 모른다.

평생을 참고 인내로만 사신 엄마에게도 작은 반란의 순간들이 있었다. 그 모습들이 지금 생각해보면 더욱 애틋하다.

내가 성인이 된 후, 한 번은 그릇 장사가 왔는데 아버지 몰래 50만 원짜리 그릇을 사신 적이 있다. 당시 내 월급이 120만 원 정도였으니 50만 원은 적지 않은 돈이었다. 예쁘지도 않은 사기그릇이었지만 엄마에게는 평생 처음으로 자신이 고른 물건이었을 것이다. 갚을 능력이 없으니 내게 전화가 왔다. "내가 일을 쳤는데 돈이 50만 원이나 되는데 어떻게 하지?"

나는 망설이지 않고 송금해 드렸다. 그런 일이 몇 번 더 있었다. 자석 팔이에게 속아서 자석 목걸이를 사신 적도 있고 또 크게 필요 없는 전기 옥장판을 덜컥 사시기도 했다. 지금 생각해보면 평생 자신의 돈으로 무언가를 사본 적이 없던 엄마의 소소하지만 간절한 소망이었던 것 같다.

가스레인지 사건도 있었다. 낡은 가스레인지를 바꾸고 싶어서 허락

없이 바꿨다가 아버지에게 혼이 나신 것이다. 그때 엄마는 "이 나이에 내가 가스레인지 하나 내 마음대로 못 바꾸는구나" 하시며 집을 나오셨다. 하지만 갈 곳이 내가 사는 마산밖에 없어서 결국 우리 집에 오셨는데, 하룻밤 주무시고는 아버지 걱정이 되어 다음날 다시 돌아가셨다. 그 뒷모습이 얼마나 쓸쓸하던지 어찌지 못하는 나 자신이 야속할 뿐이었다.

대학 진학의 좌절과 새로운 시작

집을 떠나게 된 건 고등학교를 졸업한 후였다. 고3 때 대학입학시험을 치고 지망했던 관광학과에 붙었다. 당시 고등학교 선생님이 "너는 스튜어디스가 잘 어울릴 것 같다"며 권해주셨던 과였다. 하지만 "딸은 고등학교까지"만 보내준다는 아버지의 뜻은 완고했고 더군다나 대학 등록금까지 내어줄 정도로 집안 형편이 넉넉하지는 않아 고민이 많았다.

그때 잘 사는 둘째 언니가 대학 등록금을 내주겠다고 했다. 미안하고 고마운 마음으로 둘째 언니를 찾아갔는데, 동생들 학비를 줄줄이 대주던 언니도 짜증이 났던지 내게 통장과 도장을 던지듯이 주면서 말했다. "이거 찾아서 등록금 해. 언제까지 너희 뒷바라지해야 하냐?"

언니의 말에 자존심이 상해버린 나는 통장과 도장을 그대로 두고 부산 해운대 바닷가로 갔다. '그래. 내가 벌어서 내 힘으로 가지 뭐' 싶었다. 언니는 자기 푸념에 가깝게 별 뜻 없이 한 말일 터인데 어린 내 마음엔 상처로 남았다.

　그 길로 일자리를 찾아봤고 1년 반 동안 치과에서 보조 일을 하며 돈을 모았다. 그러면서 문득 초등학교 때 생각이 났다. 학교 앞 평상에 항상 앉아 계시던 할머니가 "니는 딱 선생님 팔자다. 니는 선생을 할 거다"라고 하셨던 말씀이었다. 유아교육과를 졸업한 넷째 언니에게 의논했고 큰 고민 없이 유아교육학과를 선택했다.

　지나고 나니 어려서부터 아이들과 놀기를 좋아한 기억이 많다. 친구들과 소꿉놀이하는 것도, 친구들 머리카락을 깎아주는 것도 재미있었다. 그런 성향이 유아교육에 대한 확신으로 이어진 것 같다.

　대학 졸업 후 유치원 교사를 하다가 결혼을 했다. 결혼 후 첫아이를 낳았을 때 엄마의 서러움을 조금이나마 이해할 수 있었다. 첫아이가 딸이었는데, 우리 엄마가 시어머니에게 "딸을 낳아서 서운하시겠어요"라는 말에 시어머니는 "어쩔 수 없죠? 또 낳으면 되지요" 하셨는데 죄인처럼 말없이 있던 엄마 모습이 지금도 생생하다. 마치 자신이 잘못한 것처럼 고개를 숙이는 모습에 마음이 찢어지는 듯 아팠다.

　더욱 힘들었던 것은 산후조리 때였다. 엄마는 아버지를 간병하고 계셔서 나를 돌봐줄 수 없는 상황이었다. 조리원에 가려고 했지만, 시댁에서 반대했다. "여자가 둘이나 있는데 무슨 조리원에 가느냐"며. 시어머니와 시누이가 산후조리를 해줄 수 있다는 뜻이었다.

자연분만으로 첫 아이를 낳았는데, 입구가 좁아 의사가 매스를 댄 게 잘못 되어 제대로 앉을 수도 없었다. 2박 3일 후 집에 왔더니 시어머니는 큰 솥에 미역국을 한가득 끓여놓고는 가까이 사는 시누를 불러 제대로 앉지도 못하는 나와 갓난아이를 두고 가버리셨다.

서러움에 복받친 그때 가장 생각나는 사람은 엄마였다. 엄마에게 전화해서 울먹였던 기억이 난다. 속으로 '우리 엄마도 이렇게 아팠을 텐데 어떻게 견디셨을까' 하는 생각이 들어 더 서러웠다. 시대가 다르고 이유도 다르지만, 나는 왜 그 젊은 나이에 시어머니와 시누이에게 "가지 마라" 소리 한마디 못 하고 혼자 견뎌야 했나 싶다.

1998년, 새로운 시작의 용기

인생의 전환점은 예상치 못한 순간에 찾아오는 법이다. 결혼 후 아이 둘을 낳고 평범한 가정을 이루고 살던 시기, IMF가 터졌다. 은행에 다니던 남편이 뒤늦게 주식 바람에 뛰어들었던 차에 IMF로 주식이 급락해 집 한 채를 날려 먹었다.

처음에는 남편의 투자 실패 사실을 모르고 있었다. 그런데 밤마다 벽을 치면서 끙끙 앓던 남편을 보면서 뭔 일이 있다는 걸 직감했다. 그가 털어놓은 말인즉슨, 분명 오를 거라며 대출까지 받아서 했던 주식이 망했다는 것. 그때 나는 내가 우리 엄마를 쏙 빼닮았다는 걸 처음 깨달았다.

잔뜩 위축되어 있던 남편에게 "그거 무시라고, 이사 가자"고 했다. 그렇게 창원 중심지에서 당시에는 집값이 비교적 쌌던 내서로 이사를 했다. 집을 팔아 빚을 갚으니 마음이 후련했다.

남편의 투자 실패는 내게 새로운 기회가 됐다. 나는 남편에게 1층에 이사를 해서 어린이집을 개원하겠다고 했다. 주식 투자에서 크게 실패를 맛본 남편은 어린이집 개원에 소극적이었다. 하지만 나는 어린이집이 잘 안 되더라도 집이 남는다고 남편을 설득했다.

우여곡절 끝에 2003년 1월 30일 가정어린이집을 개원했다. 작은 아이가 4살 때의 일이었다. 처음에는 하나로 시작했던 어린이집을 다음 해에 하나 더 늘려 두 개를 운영했다. 하나는 4-5세반, 다른 하나는 영아반으로 나누어서.

돌이켜보면 이때가 가장 재미있었다. 다른 어린이집들처럼 단순히 아이들을 돌봐주는 데에 그치지 않고 아이들을 잘 가르쳐 보자는 관점에서 접근했더니 엄마들의 반응이 뜨거웠다. 새로 연 어린이집도 1년이 채 안 되어 정원이 다 찰 정도였다. 신도시 아파트에는 신혼부부, 어린 자녀를 둔 가정이 대거 입주해 있었기 때문에 우리 어린이집뿐만 아니라 대부분의 가정어린이집에 원생들이 넘쳐났다. 우리가 살던 아파트 단지에만 가정어린이집이 5개나 생길 정도로 붐이 일었다.

어린이집 두 곳은 큰 어려움 없이 잘 운영되고 있었지만 나는 또 다른 배움에의 갈증을 느끼고 있었다. 어린이집을 운영하면서 단순히 아이들을 돌보는 것 이상 더 필요한 건 없을까. 학부모들과 소통하고, 아이들의 마음을 제대로 이해하려면 전문적인 지식이 필요하지는 않을까. 엄마가 항상 하시던 말씀이 떠올랐다.
"배워야 산다. 여자도 배워야 한다."
나는 내가 느낀 '소통'의 필요성을 해소해 줄 학과를 찾았다. 답은 상담심리였다. '이거다!' 하고 생각한 즉시 경남대 평생교육원에 진학해 상담 심리학을 공부하기 시작했다. 어린이집을 운영하면서 마치는 즉시 학교로 가야 하는 야간과정 수업을 2년 동안 들었다. 그때는 지금처럼 도로 형편도 좋지 않아서 가는 길이 정말 멀고 힘들었다. 어린이집 두 곳을 운영하면서 저녁마다 학교에 다니는 것이 절대 쉬운 일은 아니었지만, 상담 심리학이라는 분야가 너무 재미있어 어려움을 잊었다.
특히 다른 사람의 말을 듣고 공감해주고, 함께 해결책을 찾아가는 과정이 흥미진진했다. 이것이야말로 내가 해야 할 일이라는 확신이 들었

어린이집을 운영하면서 단순히 아이들을 돌보는 것 이상
더 필요한 건 없을까. 학부모들과 소통하고, 아이들의
마음을 제대로 이해하려면 전문적인 지식이
필요하지는 않을까. 엄마가 항상 하시던 말씀이 떠올랐다.
"배워야 산다. 여자도 배워야 한다."

다. 엄마가 평생 우리 가족의 상담자 역할을 하셨던 것처럼, 나도 더 많은 사람의 이야기를 들어주고 싶었다.

상담 공부를 마친 후에는 다양한 곳에서 상담 봉사활동을 했다. 아동·청소년 보호관찰소에서 보호관찰 청소년 상담을 4~5년간 했고, 초등학교와 중학교에서도 문제 학생들을 상담했다. 일주일에 두세 번씩 아이들을 만나 이야기를 들어주는 시간이 소중했다.

상담 활동 중에서 특히 기억에 남는 아이가 있다. 할머니와 함께 사는 중학생이었는데, 학교도 안 가고 사고만 치는 작은 체구의 아이였다. 무리로 있을 때는 험하고 거칠어 보였지만, 1 대 1로 만날 때는 정말 순한 친구였다.

나는 아이와 상담실에 앉아 이야기만 하는 것으로는 부족하다고 생각했다.

"너 당구 칠래?"

어느 날인가는 아이가 좋아하는 당구를 치러 가자고 말해 보았다. 정해진 상담시간을 채워야 했기에 반강제로 나를 만나야 했던 아이는 당구라는 말에 눈을 반짝였다. 당구를 칠 줄 몰랐던 나는 당구를 잘 치는 남편에게 S.O.S를 쳤다. 남편을 대동해 아이와 함께 당구를 치러 갔을 때 상담실에서와는 또 다른 밝은 모습의 아이를 볼 수 있었다.

입버릇처럼 '별 하고 싶은 게 없고 그냥 맘대로 살고 싶다'는 아이에게 진심으로 조언했다. 가끔 한 번쯤은 5년 뒤, 10년 뒤 니 모습도 그려보라고. 상담이 마무리될 때쯤 불쑥 아이가 말했다.

"선생님. 덕분에 제가 진짜 뭘 해야 하는지 진지하게 생각해보게 됐어요. 평생 잊지 않을게요. 감사합니다."

내가 상담에서 가장 중요하게 생각한 원칙은 아이를 변화시키려 하지 말자는 것이었다. 그저 아이가 하는 말을 귀 기울여 들어주고 공감해주는 것, 또 주어진 시간을 함께해주는 게 전부였다.

상담의 이론은 학교에서 배웠을지언정 상담을 대하는 이런 자세는 엄마에게 자연스레 배운 게 아닐까 한다. 엄마는 언제나 우리 편이셨으니까. 우리가 어떤 모습이든 받아주시고 감싸주셨으니까. 그 모습이 백 마디 말보다 더 힘이 된다는 걸 직감적으로 알았기 때문이다.

하지만 상담 공부를 하면서 나의 무의식 깊은 곳에 엄마를 보살펴야 한다는 책임감이 무겁게 자리하고 있음을 깨달았다. 성인이 된 이후 그리고 결혼을 한 후에도 엄마는 속상한 일이나 힘든 일이 있으면 내게 털어놓으셨다. 당연히 들어 드려야 하고, 좋은 딸이 되어야 한다는 강박감이 내 속에 박혀 있었던가 보다.

"아이고. 엄마가 너한테는 짐이네."

상담 공부를 하면서 내담자가 되어 상담을 받을 때 교수님이 내게 해주신 말씀은 크나큰 충격으로 다가왔다. 엄마가 속상한 일을 모두 내게만 털어놓는다는 말에 교수님은 엄마와 딸이 바뀌었다며 충고하셨다.

"네가 다 짊어지고 갈 필요 없다. 내려놔라."

좋은 딸이 되어야 한다는 부담감이 심했던가. 그 자리에서 펑펑 울고 말았다. 무엇보다 무의식 중에 내가 엄마를 짐으로 느끼고 있었다는 게 믿어지지 않았다.

그날 이후 나는 엄마와 잠시 거리를 두었다. 전처럼 전화를 자주 하지도 찾아뵙지도 않은 기간이 있었다. 시간이 흐른 뒤에 생각해보면 그건 모두 내가 홀가분해지고 싶어서 만든 핑계였던 듯싶다. 엄마는 변함없이 나의 엄마였고 변한 건 나뿐이었으니.

국공립어린이집으로의 도전

2009년, 나는 40세에 가정어린이집 두 곳을 모두 접고 새로운 도전을 시작했다. 국공립어린이집 원장이 되었던 거다. 처음 국공립어린이집 원장으로 부임했을 때 정말 쉽지 않았다. 어린이집에는 나를 포함 원장이 세 명이 있었다. 조리사 원장, 주임 교사 원장, 그리고 나. 그만큼 실권자들의 힘이 셌다는 뜻이다.

"앞으로 6개월은 기존의 시스템대로 내가 맞추겠습니다."

12월 1일에 발령을 받은 나는 우선 기존 시스템에 맞추겠다고 선언했다. 민간에서 여러 가지 새로운 시도를 해보았던 나는 국공립이라는 이유 하나만으로 '하던 대로 하자'는 건 받아들일 수 없었다. 6개월은 참아보자던 결심은 3개월 만에 한계를 부딪혔다. 그렇지만 약속은 약속인지라 참고 견뎠다. 6개월이 지나고 나는 서서히 나만의 색깔을 내기 시작했다.

7세 아이들을 데리고 1박 2일 여름 캠프를 간 날의 일이다. 아이들이 다 잠든 후 보육 교직원들 모두에게 앞으로의 일을 선언했다.

"지금부터는 내가 원장하겠습니다. 내 말을 못 따라오겠다면 나가셔도 좋습니다."

그때부터 보이지 않는 전쟁이 시작되었다. 치열한 물밑 갈등은 장장 2년 동안 이어졌다. 그런데도 내게 포기란 없었다.

"나는 운영하던 원을 다 접고 여기에 올인하러 온 사람이라서 갈 데가 없습니다. 여러분은 갈 곳이 많으니 나와 함께하는 것이 힘들다면 알아서 하시면 됩니다."

나는 줄기차게 이렇게 말하며 교직원들을 설득했다.

결국 변화가 일어났다. 주임 교사를 서울에서 하는 질 높은 교육을 두 해 연속으로 보냈다. 태도가 완전히 달라진 주임교사가 A4 용지 두 장을 가득 채우며 자신의 이야기를 적은 편지를 가져왔을 때의 감동은 지금도 잊히지 않는다.

마음의 벽이 한 번 무너지자 서로에 대한 신뢰가 두터워졌다. 직장에서의 관계를 떠나 사람 대 사람으로 마음을 터놓고 일하게 되었고 어떤 일이 닥쳐도 무섭지 않았다. 주임교사와 퇴사한 지금까지도 연락하며 지내게 된 것도 모두 이런 경험을 함께해서라고 믿는다.

조리사님께서도 정년퇴직을 하실 때까지 함께 해 주셨다. 아이들을 향한 마음, 어린이집을 잘 꾸리고자 했던 나의 진심을 알아주셨기에 가능한 일이었다. 26년간 우리 어린이집에 근속해 주시면서 나중에는 우리 모두에게 정말 든든한 동반자가 되어주셨다.

특히 내가 암 투병으로 치료를 받는 도중 입맛 없어 하는 나를 위해 매일 멸치 김치찜을 해주시며 '먹는 치료제'를 만들어주신 따뜻한 마음을 잊을 수 없다.

나는 선생님들에게 고집스레 요구하는 게 있다. 그건 바로 '배움'이다.

어린이집 일이 얼마나 바쁜지 알면서도 나는 선생님들에게 "대학원에 가라, 학사학위 없는 선생님들은 방송통신대 시간이 좋으니 다녀보자"고 설득했다. 주 2회 자기 계발시간도 주었다. 어린이집 운영만으로도 하루가 짧은 데 그 사이에 공부하는 시간을 마련해주는 게 쉬운 일은 아니었다.

그런데도 내 나름의 확신이 있었기에 "20대 30대인 지금 공부하시

않으면 40대 50대에 내가 하는 것처럼 힘들어진다. 누군가가 나에게 미리 준비하라고 말해줬으면 이 나이에 석사를, 박사를 한다고 고생하지 않았을 것이다"라며 격려했다.

어느 한해에는, 입사를 지원한 한 선생님은 유아교육과 졸업이 아니고 보육학과 졸업자였는데, 개인적으로 좀 더 공부했으면 좋겠다는 생각으로 한 가지 약속을 받았다.

"1년은 선배들에게 배우면서 어린이집 적응을 하고, 2년 차에 상급학교에 진학할 거면 내가 채용할 것이고, 아니면 함께 할 수 없어요. 어린이집 선생님은 그냥 아이들을 봐주기만 하는 게 아니잖아요. 아이들의 미래가 달린 자리가 선생님이기 때문에 공부는 해야 해요."

하지만 선생님은 이런저런 핑계를 대며 공부를 미루었고, 자극을 주기 위해 처음 했던 약속을 언급하자 그제야 공부를 하겠다며 방송통신대학에 입학했다.

이렇듯 나의 권유로 우리 원에는 석사를 마친 교사, 지금 대학원에 진학 중인 교사, 관심 있는 분야를 공부하는 교사 등 배움을 멈추지 않는 교사들이 많다.

나는 지금도 "준비가 되어 있으면 기회가 오더라. 하지만 준비가 되어 있지 않으면 기회가 와도 모른다"는 철학을 선생님들께 전파하는 중이다.

주말부부 시절, 스스로 큰 아이들

어린이집 개원으로 한창 바쁘게 지낼 무렵, 남편이 김해로 직장을 옮기면서 주말부부 생활이 시작됐다. 아이들이 초등학교 2~3학년 즈음 시작했던 주말부부 생활은 큰아이가 고등학교에 진학할 때까지, 거의 10년 넘게 이어졌다. 평일에는 온전히 내가 아이들을 돌봐야 하는 상황이었다. 쉽지 않은 시간이었지만, 지나고 보니 모두 소중한 시간이었다.

일이며 공부로 정신없이 바쁜 엄마여서 아이들과 보낼 시간이 많지 않은 건 늘 미안했다. 그래서 늘 아이들에게 뭐가 하나쯤 제대로 된 선물을 주고 싶었다. 초등학교 1학년부터 고등학교까지, 당시로서는 적지 않은 돈을 들여서 딸아이에게 바이올린을 가르쳤다. '다른 아이들보다 혜택 하나는 받으면서 커야 하지 않겠나' 하는 마음에서 했지만, 사실은 다른 부모들처럼 오랜 시간 함께 해주지 못하는 나의 미안한 마음을 대신한 것이었다.

그 시절 정말 고마웠던 인연이 있다. 아이들의 영어 과외선생님과의 만남이다. 그 당시, 한국외대를 나오신 선생님은 자녀가 없는 분이었는데, 아이에게 늘 내 얘기를 하며 칭찬을 해주셨다고 한다.

"너희 엄마 진짜 멋있다. 나는 너희 엄마를 정말 존경한다. 너희 엄마처럼 살고 싶다"고 말이다. 선생님 말씀 덕분에 딸아이는 나를 존경의 시선으로 보게 되었다고 한다.

그래서였을까. 딸은 대학 입학을 위한 자기소개서를 쓸 때 "가장 존경하는 사람"으로 나를 써주었다. "우리 엄마는 항상 자기 발전을 위해서 끊임없이 공부하시는 분"이라고 말이다. 아이들에게 이거 해라, 저거 해라 말하기보다 내 일을 열심히 하는 것으로, 끝없이 배우는 것으로 보여준 행동이 더 큰 교육이 되었던 모양이다.

하지만 부모와 자식 사이가 언제나 맑음일 수는 없다. 특히 딸이 고3일 때 한번 크게 폭발한 적이 있다. 하루는 딸아이가 울고불고 하면서 내게 소리를 질렀다.

"다른 엄마들은 어느 대학에 뭐가 필요한지, 논술이 필요한지 다 조사해서 알려주는데, 엄마는 아무것도 안 해줘. 친구들은 공부만 하면 되는데 나는 다 내가 알아봐야 해!"

순간 송곳으로 찔린 듯 가슴이 아팠다. 알아서 하겠지, 하며 애써 미뤄왔던 아이의 학업 문제를 섬세하게 살펴봐 주지 못한 것에 진심으로 미안한 마음이 들었다. 그래서 진심으로 "미안하다"고 했더니 듣는 둥 마는 둥 "됐다"며 방으로 들어가 버렸다.

시간이 조금 흐른 뒤에 딸아이는 내게 먼저 손을 내밀어 주었다. 그래도 엄마가 내 엄마라서 다행이라고 오히려 나를 추켜세워 주었다.

딸이 중학교 2학년 때 해준 말이 있다. 잠자리에서 갑자기 "엄마, 엄마는 참 좋은 엄마예요. 나는 엄마가 우리 엄마라서 진짜 좋아"라고 했다. 왜냐고 물으니 "친구들은 엄마를 '그 여자'라고 부른대. 나는 그런 마음이 든 적이 없어. 엄마는 다른 엄마들처럼 간섭하지 않고 나를 믿어 주잖아"라고 대답해 그 순간 미안하면서도 나를 '좋은 엄마'로 봐줘서 얼마나 고맙고 흐뭇했던지.

엄마도 우리를 믿고 지켜봐 주셨다. 공부하라는 소리 한 번 하지 않으시면서도 우리가 배울 수 있도록 길을 열어주셨다. 나도 모르게 엄마의 방식을 따라 하고 있었다는 생각이 들었다.

아들과는 또 다른 관계다. 아빠가 타지에 있어서 그런지 언제부터가 아빠 없는 자리를 아들이 대신하기 시작했다. 새벽에 반송초 뒷산으로 운동을 다녔는데 아들은 세상이 무섭다며 새벽마다 따라나서서 같이 운동하고 학교에 갔다. 그런 자상한 아들인데 특이하게 아들은 엄마인 내 손을 잡지 않는다. "손은 나중에 내 와이프하고만 잡을 거예요"라며 엄마랑은 팔짱만 낀다. 잠시 서운하기도 했지만, 아들이 자기만의 철칙이 있나 보다 하고 지켜주고 있다.

우리 아이들은 두 아이 모두 내게 자주 전화한다. 어려서부터 습관을 만들어놨기 때문이다. 당시에는 드물게 초등학교 2학년이 됐을 때 휴대전화를 사줬다. 일터와 집이 멀어 아이들 관리가 안 되는 엄마였기에, 저녁마다 공부하러 가는 엄마였기에 아이들과의 소통이 더 중요했다. "엄마, 학원 간다" "엄마, 학원 갔다 왔어" 하며 이동할 때마다 하게 했던 전화가 습관이 되어 지금까지 이어지고 있다.

지금도 딸은 하루에 두세 번 이상은 꼭 전화한다. "엄마, 출근한다" "엄마, 퇴근한다" 하면서. 아들 또한 운동 갔다 오는 길에 전화한다. "엄마, 지금 운동 갔다 오는 길이야. 뭐 하고 계세요?" 하면서.

저희들이 알아서 저절로 잘 커주었지만, 참 잘 컸다. 우리 딸, 우리 아들.

불현듯 찾아온 대장암

어린이집도 어느 정도 안정이 됐고 신나게 생활하던 중 일상에 큰 변화를 줄 만한 사건이 발생했다. 2019년 건강검진에서 대장암이 발견돼 대장암 3기 진단을 받은 것. 보통 영화나 드라마에서는 암이라고 하면 충격에 빠져 운다거나 하던 일을 그만두거나 하던데 나는 진단 당시에는 덤덤했다. 주변 사람들은 내가 너무 의연해서 놀랐다고 할 정도였다. 가족들조차 본인들은 너무 놀랐는데 나는 전혀 놀라지 않아서 그게 더 놀라웠다고 했다.

'치료하면 되겠지 뭐.' 이번에도 '그기 머시라고'의 발동. 죽을 거라는

암 투병과 거의 같은 시기에
엄마도 치매가 시작되어 요양병원에 들어가셨다.
세월이란 참 잔인하다. 내가 가장 힘들 때
엄마도 가장 힘드신 시기를 보내고 계셨다.

생각을 한 번도 해보지 않았기에 아무렇지 않게 수술, 치료에 응했다.

수술은 서울아산병원에서 받았다. 피 주머니를 달지 않을 만큼 수술이 잘 되었다고 했다. 하지만 퇴원 후 집에서 문제가 생겼다. 연결 부위가 응고되어 구멍이 막힌 것이었다.

이유를 알 수 없이 배가 너무 아파서 창원삼성병원 응급실에 갔다. 병원에서는 그동안 먹은 것들이 위에 가득 차 있고 내려가지 못해 가스가 찬 상태라며 당장 원래 수술했던 병원으로 가야 한다고 했다.

한시가 급한 터라 사설 구급차를 불러 아산병원까지 5시간을 달려갔다. 응급실에 도착해 담당 의사를 기다리는데 담당 의사가 자리에 없는 새벽 시간인 탓에 다른 의사가 재수술을 맡게 됐다. 내 상태가 심상치 않았던지 의사가 "난 못하겠는데…. 이거 내 생각에는 안 되겠다"며 담당 의사에게 전화를 걸어 말하는 내용을 듣게 됐다. 그 말을 듣는데, 얼마나 아찔했는지 모른다.

다행히 담당 의사가 뛰어왔고 긴급하게 응급조치를 취한 뒤 급하게 수술을 진행했다. 수술 전에는 자칫하면 천공이 생길 수 있다면서 밑으로 뚫어보고 안되면 개복을 해야 한다고 했지만 천만다행으로 개복까지는 하지 않고 수술을 할 수 있었다.

추가 수술까지 받고 퇴원한 후 응급실에 간 얘기를 대학병원에서 간호사로 일하는 조카에게 해주었다. 얘기를 듣고 난 조카는 "수술비는 왜 냈냐, 위로금을 받고 나와야지"라며 난리를 쳤다. 수술 후 경과를 제대로 지켜보지 않은 병원의 잘못이라는 말일 터였다. 어쨌거나 나는 "안 죽었으면 됐지 뭐"하고 넘겼다.

항암치료를 받으면서도 나는 손에서 일을 놓지 않았다. 평일 중간에 며칠 휴가를 내는 것조차 부담스러워 금요일 저녁에 들어가서 월요일에 나오는 2박 3일로 입원 일정을 잡았다. 수술 후 남들 다 가는 요양병원에도 들어가지 않았다. 일을 손에 놓으면 오히려 그냥 죽을 것 같았기 때문이다. 아무것도 안 하고 지내는 것이 치료받는 것보다 더 힘들었다.

그나마 어린이집에 오면 내가 사랑하는 아이들이 있었다. 아이들이 나의 비타민이자 에너지가 되어주었다. 조리사님이 특별히 해주시던 김치찜이 있어 밥도 먹을 수 있었다. 그러니 내가 어떻게 어린이집을 가지 않을 수 있었을까. 나를 살린 게 어린이집이다.

물론 항암치료가 만만했던 건 아니다. 첫 항암치료 할 때를 떠올리면 지금도 한숨부터 나온다. 밥맛이 하도 없어서 숟가락을 들고 울었다. '먹어야 산다'는데 한 숟가락도 넘어가지 않으니 죽을 노릇이었다. 보다 못한 간호사가 "치워드릴까요?" 했지만 "아니요, 저 먹을 거예요"라고 애써 꿋꿋하게 대답했었다.

늘 그렇듯이 시간이 약이고 시간이 답이다. 치료를 받으며 내 몸의 반응을 알게 되면서 조금씩 적응이 됐다. 1차, 2차를 해보니 항암치료

이후 1~2주 차 때는 전혀 먹질 못하고, 3주 차에는 조금 회복되어 식욕이 살아났고, 4주 차 되면 예전과 같은 식욕이 돌아왔다. 그래서 4주차가 될 때마다 있는 힘껏 열심히 먹었다. 대장암은 다른 암에 비해서는 좀 나은 편이었는지 머리카락도 안 빠져서 암 환자라는 기분이 덜했던 것도 좋았다.

그러나 서러웠던 순간이 왜 없었을까. 암 치료 중 가장 서러웠던 순간은 네 번째 항암에서 적정 수치가 나오지 않아 쫓겨났을 때였다. 그때 처음으로 '내가 정말 암 환자구나'라는 실감이 났다. 지금까지는 그냥 아픈 사람 정도로 생각했는데, 치료조차 받을 수 없는 상태라고 전해 들었던 그 순간만큼은 정말 많이 울었다.

그 힘든 시기를 버틸 수 있었던 건 모두 선생님들 덕이었다. 나의 빈자리가 컸을 텐데도 선생님들은 아랑곳없이 "원장님, 한번 해봅시다. 저희가 도와드릴게요"라고 말해주었다. 그 말에 정말 큰 힘을 얻었다.

특히 26년 간 어린이집에 계셨던 조리사님은 말 그대로 나를 먹여 살렸다. 항암 할 때 김치찜을 매번 해주시며 "이것만 드실 수 있으시니까"라고 말씀하시던 그 따뜻한 마음에 여러 번 눈물을 훔쳤다. 그래서 퇴직하실 때는 정말로 성대하게 차려서 보내드렸다. 금반지도 해드리고, 할 수 있는 건 다 해드렸다. 그렇게나마 고마운 마음을 표현할 수 있어 다행이었다.

암을 겪고 나서 내 인생관이 완전히 바뀌었다. 그진에는 "계획대로 살아야 한다"는 생각이 강했다. "이 일을 할 거니까 이런 공부를 해야 하고, 이렇게 준비해야 한다" 하는 식으로 치밀하게 계획하며 살았다.

하지만 이제는 "계획대로 되는 건 없다. 그냥 편하게 자유롭게 한번 살아보자"는 마음가짐으로 바뀌었다. 하고 싶은 대로 한 번이라도 살아보지 않으면 괜스레 억울할 것 같다는 생각이 든다. 과하게 절제하고 계획대로만 살기에는 인생이 참 짧다.

암 수술 후 5년이 지났다. 올해 5월에 완치 판정을 받았다. 5년 간 정말 조심스럽게 살았다. 회, 젓갈, 탄 음식을 일절 먹지 않았다. 회를 엄청나게 좋아하는데 5년 동안 꾹 참았다. 의사 선생님께 "선생님 이제 회 먹어도 돼요?" 하고 물었더니 "누가 못 먹으라고 했어요? 1년만 참으라고 했지!" 하셨다.

완치 판정을 받자마자 점심에 친구와 함께 회를 먹었는데 얼마나 맛있던지 지금도 그 맛이 잊히지 않는다. 하지만 그 날밤 나는 화장실을 12번 가야 했다. 오랜만에 먹은 회에 배탈이 제대로 났지만 그래도 행복했다.

지금은 몸 관리를 위해 PT를 주 2회 받고 있다. 굽어있던 어깨가 조금 펴진 것 같고, 혈액순환도 좋아졌다. 밤마다 손발 저리던 것도 없어지고 근육도 많이 생겼다. 한 번씩 지인들과 골프도 친다. 점수는 상관없다. 그냥 그 푸르른 잔디밭 위를 걷는 것만으로도 충분하다.

엄마가 치매의 길로 접어들다

암 투병과 거의 같은 시기에 엄마도 치매가 시작되어 요양병원에 들어가셨다. 세월이란 참 잔인하다. 내가 가장 힘들 때 엄마도 가장 힘든 시기를 보내고 계셨다.

코로나가 오기 전까지 엄마는 허리가 꼿꼿하셨다. 그렇게 일을 많이 하셨는데도 다른 사람들보다 훨씬 건강해 보이셨다. 하지만 우리도 모르는 사이 치매가 조금씩 진행되고 있었다는 걸 뒤늦게 알게 됐다.

혼자 계실 때 보일러를 끄고 오들오들 떨고 계시거나, 길을 몰라 한가운데 서 계시다가 동네 사람들이 발견해서 연락이 온 적도 있다. 그런 일들이 반복되면서 결국 요양병원을 선택할 수밖에 없었다.

엄마 입원 후 갑작스레 코로나가 닥쳤다. 코로나 기간 엄마를 자주 볼 수 없게 되었을 때, 그때를 생각하면 가슴 한쪽이 무너져 내린다. 면회가 잘 안 되던 때였지만 어쩌다 한 번 허락된 면회에서도 유리문을 사이에 두고 서로를 볼 수밖에 없었다. 우리가 갈 때마다 엄마의 모습은 하루가 다르게 악화되었다. 처음에는 걸어 나오시던 분이 다음에는 휠체어에 태워져서 나중에는 넘어지거나 다칠 수 있다는 이유로 휠체어에 묶여서 나오셨다. 1분도 채 눈을 맞추지 못하고 꾸벅꾸벅 졸음을 이기지 못하시는 엄마를 보며 많은 생각이 들었다.

엄마는 갈 때마다 '우리집에 언제 가노?' 하는 말만 하셨다. 저러시다 돌아가시기 전에 집에도 한번 못 가시겠다는 생각이 번쩍 들었다. 그래서 엄마의 소원을 들어드리기 위해 일주일간 집으로 모시기로 했다. 나는 어린이집 방학 때 휴가를 내고 그나마 가까이 있는 다섯째 언니와 시간을 맞춰 엄마를 고향으로 모셨다.

모처럼 바깥바람을 쐬서인지 엄마는 어느 때보다 행복해 보였다. 진작 해드리지 못한 게 죄스러울 정도였다. 집에서 쉬는 도중 약 드실 시간이 되어 약의 리스트를 찬찬히 보니 약 이름만 다르지 같은 약이 아닌가 하는 의구심이 들었다. 수상하게 여긴 내가 사진을 찍어 간호사로 일하는 언니한테 보냈더니 대번에 전화가 와서 하는 말이, "미친 것들이, 수면제를 왜 그렇게 많이 먹여!" 하며 당장 끊으라고 했다.

엄마가 복용하시던 약에 수면제가 다량 들어 있었다. 아침, 점심, 저녁 모든 약에 수면제가 들어있어서 계속 주무셨던 걸 몰랐다. 그 부작용으로 온몸에 두드러기가 생겨서 긁어서 피부가 상처투성이가 것이다.

손은 침대를 잡고 있던 그 모양 그대로 굳어서 펴지지도 않았다. 다리도 마찬가지였다. 코로나 2년을 침대에서만 지내다 보니 뼈가 굳어버린 것이었다. 못 긁게 하려고 손을 묶어놓으셨는데, 얼마나 간지러우셨을까. 그 생각만으로도 나는 미칠 것 같았다.

일주일 동안 약을 끊고 관찰하니 내내 잠만 주무시던 엄마가 노래도

가족들과 논의 끝에 언니 집 주변 믿을 만한 원장님이 계신 요양병원으로 옮기시도록 했고, 지금은 어느 때보다 편안한 상황에서 생활할 수 있다. 첫 요양병원의 문제를 발견하게 된 것, 믿을 만한 새로운 요양 병원에 입원시켜 드린 것 모두 정말 감사한 일이다.

부르고 같이 고구마 줄기도 깔 정도로 회복이 되었다. 그 모습을 보니 더는 같은 요양병원에 계시도록 해서는 안 되겠다는 생각이 들었다.

가족들과 논의 끝에 언니 집 주변 믿을 만한 원장님이 계신 요양병원으로 옮기시도록 했고, 지금은 어느 때보다 편안한 상황에서 생활하고 계신다. 첫 요양병원의 문제를 발견하게 된 것, 믿을 만한 새로운 요양병원에 입원시켜 드린 것 모두 정말 감사한 일이다.

로터리클럽, 새로운 봉사의 무대

올해 로터리클럽 회장직을 맡게 되었다. 처음에는 정말 하기 싫었다. 이유를 모르는 것은 아니었다. 월회비도 내야 하고, 회장이 되면 회장 분담금 따로 있고 각종 비용까지 들어가는데 정작 말할 권한은 별로 없어 보였기 때문이다.

하지만 주변에서 계속 권하는 바람에 결국 수락했다.

우리 로터리는 58명의 회원이 있는 제법 큰 조직이다. 로터리는 전 세계적으로 조직된 단체로, 소아마비 퇴치가 가장 큰 사업이다. 전 세계 소아마비 퇴치 기금의 90%는 로터리에서 나온다고 해도 과언이 아니다.

작년에 봉사위원장을 하면서 해외 봉사를 다녀온 적이 있다. 그때 보고서를 잘 써서 전직 회장들에게 "쟤는 회장감이다"라는 평가를 받았다고 한다. 몇 개월간 거절했지만 결국 운명처럼 받아들이게 되었다.

신기한 것은 내 지인 7명이 모두 나를 믿고 로터리에 가입한 것이다. 총무가 "회장님은 정말 잘 살았나 봐요. 회비가 얼마인지, 입회비가 얼마인지 아무도 안 물어보네요"라고 놀라워했다. 지인들은 "너를 위해서 그 정도 못해주겠어?"라며 흔쾌히 가입했다.

사람들은 이런 내게 "인덕이 많다"고들 한다. 좋은 사람들이 주변에 많다고. 어린이집 선생님들을 보면 더욱 그렇다. 다른 어린이집에서는 선생님들이 원장과 갈등이 있어서 민원도 넣고 싸우는 일이 많다고 하는데, 우리 어린이집에는 그런 선생님들이 없다. 오히려 내가 아플 때 "원장님, 한번 해봅시다. 저희가 도와줄게요"라고 말해주는 선생님들이다.

이런 인연들이 어디서 오는 걸까. 아마도 내가 먼저 따뜻하게 대하려고 노력하기 때문에 좋은 사람들이 모이는 건 아닐까 한다. 또 엄마가 평생 사람을 따뜻하게 대하며 쌓아 올린 덕이 나에게까지 흘러온 것은 아닌지 신기할 따름이다.

어떤 조직을 이끌든 내가 생각하는 리더십의 핵심은 '어울림'이다. 혼자 끌고 가는 게 아니라 함께 가는 것. 그래서 나는 조직을 이끌 때면 "이거 해봐, 이거 하자." 하는 명령조가 아니라 "이거 어때? 이렇게 하면 재미있을 것 같지 않아?" 하는 제안의 형태로 접근한다. 함께할 때 시너지가 더 크다고 믿기 때문이다.

어린이집에서도 마찬가지다. 어린이집은 나 혼자 운영하는 게 아니라 선생님들과 함께, 학부모들과 함께 만들어가는 것이니까. 선생님들에게는 늘 이렇게 말한다.

"너희들은 학부모들에게 항상 친절해라. 문제가 있으면 내가 해결할게."

리더는 궂은일을 앞장서서 해야 한다고 생각한다. 의견이 다를 때는 충분히 화합을 시도해보되 최종 결정과 책임은 리더가 져야 한다. 그때는 강단이 있어야 한다. 하지만 잘못됐다 생각하면 사과도 해야 한다. "죄송해요. 제가 아무리 생각해도 이건 아닌 것 같습니다" 하고.

우리 선생님들에게 자주 하는 말이 있다. "원장님이 이렇게 하자고 그랬잖아요." 하면, "내가 그랬어? 그때 내가 왜 그랬을까. 미안해. 하지만 한 번 더 생각해보니 이게 더 나은 것 같지 않냐?" 이렇게 말한다. 그러면 "그래, 우리 원장님이 조금 변덕스러워서 그래. 어쩌겠냐, 우리가 맞춰야지" 하며 웃는다.

5년 후, 10년 후에는 더 자유롭게 살고 싶다. 물론 다른 사람들과 즐겁게 어울리면서. 그러려면 뭔가 줄 게 있어야 한다. 아버지를 닮아서 머리 만지는 걸 좋아하기에 창원대학교 평생교육원에서 미용을 배우고, 파마도 배웠다. 소득이 없을 때를 대비해 미용 봉사를 하기 위해서다. 나이가 들어도 봉사로 많은 사람에게 도움을 주고 싶. 그런 노년을 꿈꾸고 있다.

엄마가 내게 남긴 것들

"엄마는 내 삶에 무엇이었을까?"

이 질문을 나 자신에게 던져봤다. 짐이었나? 울타리였나? 원동력이었나? 한참을 생각해 봐도 한마디로 정의하기 어렵다.

어떤 때는 상담자였고, 어떤 때는 든든한 지지자였다. 힘들 때는 위로자였고, 새로운 도전을 할 때는 격려자였다. 집단상담에서 '짐'이라는 말을 들었을 때도 있었지만, 그건 잠시였을 뿐이다.

엄마는 내 삶의 '울타리 없는 울타리'였다. 나를 보호해 주시면서도 자유롭게 해주셨고, 무엇을 하든 믿고 지켜봐 주셨다. 그래서 나도 내 주변 사람들에게 그런 존재가 되고 싶다.

나는 참 많은 엄마를 만났다. 친정엄마는 물론이고, 어린이집 아이들의 엄마들까지. 하지만 나 역시 많은 이들에게 엄마가 되었다. "원장님 예쁜 원장님" 하며 쫓아다니는 예쁜 어린이집 아이들은 물론이고 상담했던 청소년들에게도 엄마 같은 역할을 했다. 문제아라고 불리던 아이들과 이런저런 활동을 하며 "너도 참 괜찮은 친구야. 니가 너 자신을 좀 더 사랑하기를 바란다" 라고 말해주었다. 그들에게도 나는 또 다른 엄마였을 것이다.

어린이집 선생님들에게는 '나를 위한 투자'를 하라고 격려하는 엄마가 되었다. 결국, 나는 엄마의 딸로 태어나서, 많은 이들의 엄마가 되어가고 있는 것 같다.

지금 엄마는 94세로 요양병원에서 치매와 함께 살고 계신다. 소통이 어려운 상태이지만, 나는 막내라서 그런지 엄마에게 정말 많은 표현을 하며 살았다고 생각한다.

다만 조금 미안한 것이 있다면, 집단상담을 받을 때 교수님의 말에 따라 잠시 거리를 두었던 것이다. "엄마를 짐으로 느끼고 있다"는 말에 충격을 받아서 "내려놓아야겠다" 생각했던 것. 지금 생각해보면 그건 내가 홀가분해지고 싶어서 만든 핑계였다. 엄마는 결코 짐이 아니었다. 내 삶의 가장 소중한 뿌리였고, 지금도 내가 사람들을 따뜻하게 품을 수 있게 해주는 원동력이다.

국민연금에 얽힌 이야기가 하나 더 있다. 엄마는 국민연금이 처음 생겼을 때 가입하셨다. 시골에서 아무도 안 드는데 왜 드셨냐고 물으니, 재미있는 대답을 하셨다.

국민연금 들어달라고 공무원이 땀을 뻘뻘 흘리며 팔러 왔는데, "자식이 많잖아. 우리 애들도 밖에 나가서 저런 대접을 받겠지. 내가 하나 해 주면 우리 자식들한테 누군가가 잘해주겠지" 하는 마음으로 가입하셨다는 것이다.

지금 엄마는 그때 넣은 300만 원도 안 되는 돈으로 30여 년간 월 30만 원씩 받고 계신다. 3천만 원이 넘게 받으신 셈이다. 착하게 산 복이라고 생각한다.

이 이야기를 들으며 깨달았다. 엄마의 모든 행동에는 사랑이 담겨있었다는 것을. 거지를 함께 밥상에 앉히신 것도, 보부상들에게 밥을 먹여서 보내신 것도, 국민연금에 가입하신 것도 모두 다른 사람을 생각하는 마음에서 나온 것이었다.

지금 나는 57세다. 세월이 흐르다 보니 엄마의 마음이 어땠을지 조금이나마 이해할 수 있을 것 같다. 일곱 번째 딸을 낳으면서도 끝까지 포기하지 않으셨던 엄마의 깊고 깊은 사랑을 말이다.

앞으로도 나는 엄마가 평생 실천하신 '따뜻하게 사람을 품는 삶'을 이어가려 한다. 엄마의 딸로서, 그리고 많은 이들의 엄마로서. 엄마가 내게 주신 가장 큰 선물인 "한번 해봐"라는 용기와 함께.

어머니께 드리는 편지

　　사랑하는 엄마에게

　엄마, 지금 이 글을 쓰고 있는데 자꾸만 눈물이 나요.
　57년을 살아오면서 내 인생의 모든 순간에 엄마가 있었다는 걸 새삼 깨닫게 되거든요.
　엄마가 18살에 시집와서 94세까지, 76년을 살아오신 그 긴 세월 동안 얼마나 많은 눈물을 흘리셨을까요. 딸을 낳았다고 죄인 취급받으며 미역국도 마음껏 드시지 못했던 그 서러움을. 일곱 번째 딸인 저를 낳고도 끝까지 포기하지 않으셨던 그 사랑을.

　"사람 위에 사람 없고 사람 밑에 사람 없다"며 거지도 함께 밥상에 앉히시던 엄마의 따뜻함이, "한번 해봐, 해보면 되지 뭐."라며 언제나 용기를 주시던 엄마의 격려가, "혼자 밥을 먹어도 제대로 차려서 먹어라"며 자존감을 심어주시던 엄마의 가르침이 지금의 저를 만들었어요.
　엄마는 제게 세상에서 가장 큰 선물을 주셨어요. 그건 바로 '사람을 따뜻하게 품는 마음'이에요. 어린이집에서 아이들을 만날 때도, 상담할 때도, 로터리 활동을 할 때도 늘 엄마가 보여주신 그 따뜻함을 떠올려요.

　집단상담에서 교수님이 "엄마를 짐으로 느끼고 있다"고 하셨을 때 잠시 거리를 두었던 제가 부끄러워요. 그건 제가 홀가분해지고 싶어서 만든 핑계였어요. 엄마는 결코 짐이 아니었어요. 제 삶의 가장 소중한 뿌리였고, 지금도 저를 이끌어가는 원동력이에요.

　엄마가 평생 30년 동안 할머니와 아버지를 돌보시며 보여주신 헌신, 여덟 남매를 키우시며 보여주신 희생, 그 모든 것들이 저에게는 가장 값진 교육이었어요.

　지금 엄마는 치매로 소통이 어려우시지만, 저는 알아요. 엄마의 그 따뜻한 마음은 변하지 않았다는 걸. 그리고 그 마음이 저를 통해, 제가 만나는 모든 사람을 통해 계속 이어져 나갈 거라는 걸.

　암을 겪으며 "계획대로 되는 건 없다. 그냥 편하게 자유롭게 한번 살아 보자"는 마음으로 바뀐 저에게, 엄마가 항상 하시던 "그거 무시라고"라는 말이 더욱 소중해졌어요.

　앞으로도 저는 엄마의 딸로서, 그리고 많은 이들의 엄마로서 엄마가 보여주신 그 따뜻한 사랑을 이어가려 해요. "한번 해봐"라는 엄마의 용기를 품고, 사람들을 따뜻하게 안아주는 그런 사람이 되려고 해요.

　94세가 되도록 제게 가장 소중한 선생님이 되어주신 엄마, 정말 고맙고 사랑해요.

　엄마 딸로 태어난 게 제 인생 최고의 행운이었어요.

- 엄마의 사랑을 가슴속에 품으며

일곱째 딸 제순효 드림

마산 바닷바람이 거칠게 불던 1980년대 운동장에서 자란 소년이 30년간 고교야구 지도자로 성장하기까지, 그 뒤에는 갈비집까지 차려가며 두 아들의 야구 꿈을 뒷바라지한 어머니가 있었다. 1976년생인 강승영 감독은 초등학교 5학년 때 씨름에서 야구로 전향한 후 양덕초, 마산동중, 마산고를 거쳐 경남대학교에서 선수 생활을 마쳤다. 졸업 후 마산고 수석코치로 10년간 활동하다가 2015년 양산 물금고등학교 야구부 창단과 함께 초대 감독으로 부임했다. 창단 8년 만인 2023년 제78회 청룡기 전국고교야구 선수권대회 준우승을 이끌며 '언더독의 반란'을 연출했고, 김영웅(삼성), 손주환(NC), 남해담(롯데), 이재환(한화) 4명의 프로선수를 배출했다. 2024년에는 대한야구소프트볼협회 청소년 대표팀 수석코치로 발탁되어 전국적 지도력을 인정받았으며, 어머니로부터 물려받은 따뜻한 리더십으로 '사람을 남기는 팀'을 만들어 가고 있다.

어머니가 던져 준 인생의 공

양산 물금고 야구부 감독
강승영

강승영의 어머니 최명숙

1952년 경남 마산에서 태어나 두 아들을 키워낸 어머니는 야구라는 험한 길 앞에서도 언제나 따뜻한 뒷바라지로 버팀목이 되어주셨다. 야구부실 청소부터 감독 식사까지 손수 챙기며 아들이 운동에만 몰두할 수 있도록 길을 열어주었고, 어려움 속에서도 "니는 잘할기다. 엄마가 기도하고 있으니까 걱정 마라"라며 믿음으로 지켜주었다. 갈비집까지 차려가며 아들의 꿈을 이어준 그 헌신은, 오늘도 세대를 넘어 야구의 불씨를 이어가는 가장 큰 힘이 되고 있다.

○

   마산 바닷바람이 거칠게 불던 1980년대, 나는 늘 운동장에 서 있었다. 공기를 가르는 공 소리, 먼지를 일으키며 달리는 발걸음, 땀 냄새가 뒤섞인 풍경이 내 유년의 배경이었다. 지금 돌이켜보면 그때의 나는 운명을 예감하고 있었던 건 아닐까 싶다. 야구라는 한 줄기 길이 내 평생을 관통할 것이라는 걸 말이다.

   어머니는 1952년생으로, 1남 4녀 중 둘째였는데 마여고 출신으로 젊은 시절 경남 미스코리아 미에 선정될 정도로 미인이셨다. 외할아버지는 당시로써는 보기 드문 회사원이셨고, 교육열이 남다르셨다. 바로 위 큰이모도 마여고를 나왔고 외삼촌도 마중, 마고를 나와 건국대를 졸업한 걸 보면 외갓집의 교육열이 어머니에게도 고스란히 전해졌던 것 같다.

   하지만 내가 기억하는 어머니는 말을 많이 하거나 화려한 외모를 앞세우는 분은 아니었다. 그보다는 조용히 집안일을 하고 아버지, 형과 나를 부족함 없이 챙겨주시던 모습의 전형적인 주부셨다. 다행스럽게도 말수는 많지 않으셨지만, 늘 자식들을 지켜보는 따뜻한 눈빛을 잃지 않으셨던 어머니가 있어 큰 방황 없이 학창시절을 보냈다.

아버지는 8명 고모 사이 유일한 아들로 상당히 귀하게 컸다는 얘길 들었다. 딸부잣집에 하나밖에 없는 귀한 아들이었던 데다 할아버지가 선주들에게 돈을 빌려주는 일을 하는 객주였으니 돈 걱정 없이 큰 셈이다. 아버지에 대한 지원과 기대가 컸던 터라, 아버지는 고등학교 때부터 서울로 유학을 하러 갔다. 서울 경동고등학교에 입학한 아버지는 그 시대에 보기 드문 180cm가 넘는 장신이 눈에 띄어 배구부에 들어가게 됐다고 한다. 나중에는 배구선수로도 잠깐 활동하셨는데, 이때 운동의 재미에 푹 빠지셨던지 어린 시절 형과 나에게 꾸준히 운동을 권하셨다.

할아버지가 어시장 객주를 하셨던 터라 돈 걱정 없이 크신 영향이었을까. 아버지는 공부나 돈, 사회적인 성공보다는 땀 흘려 성취하는 운동의 스포츠정신을 더 많이 강조하셨다. 결과적으로 형과 내가 돈이나 성공에 목 매달지 않고 꾸준히 자기 길을 가게 된 배경에는 아버지가 남겨준 이런 정신적인 유산이 큰 몫을 했다.

미인이셨던 어머니, 180cm가 넘는 장신으로 집안이 풍족하고 엘리트셨던 아버지는 어머니 직장 회원분의 소개로 만났다고 한다. 어머니가 고등학교 졸업 후 라이온스클럽에서 사무직을 보던 때였다. 아버지는 대학 졸업 후 할아버지의 사업을 이으러 마산으로 귀향했고, 막 사업을 배워가던 시점이었던 것 같다.

그렇게 아버지 29살, 어머니 23세에 결혼을 하시게 됐다. 두 분이 소개로 만난 지 한 달 만이었다. 두 분의 결혼 직후 어머니는 형과 나를 연년생으로 낳았다. 어머니 말씀으로는 연년생인 두 아들을 혼자서 키우기는 어려워서 외할머니가 집에 와서 같이 봐주셨다고 했다. 지금도 친가와 외가 모두 마산에 있어 대가족의 사랑을 받고 자란 것은 큰 복이라 생각한다.

야구를 만나게 된 계기

야구에 처음 빠져든 건 내가 아닌 형이었다. 아버지가 일본 출장을 다녀오면서 사다 주신 야구 방망이와 글러브는 야구에 흥미를 느끼게 하기에 충분했다. 아버지는 여느 아버지들처럼 장난감으로 만들어진 야구 방망이와 글러브가 아니라 실제 경기가 가능한 야구 방망이와 글러브를 사다 주셨다. 게다가 야구선수 유니폼까지 세트로 마련해주신 덕에 형은 선수 유니폼을 입고 폼나게 야구를 할 수 있었다.

야구에 쏙 빠져든 형은 시간만 나면 동네 친구들과 야구를 했고, 새벽부터 일어나 야구 연습을 하러 가기도 했다.

아버지는 형이 야구를 더 잘할 수 있도록 베란다에 테니스공을 줄로 매달아 두고 야구 방망이로 치도록 연습을 시키기도 했다. 아버지가 얼마나 운동에 진심이었던지 타이어를 구해다가 운동장에서 형이 타이어로 근력을 높이는 훈련까지 하도록 했던 일화도 있다.

옆에서 보던 나는 형과 보조를 맞추기는 했지만, 처음부터 열정적이었던 건 아니었다. 양덕초등학교에 입학해 야구부에 입단했던 형과 달리 나는 중간에 집이 이사를 하는 바람에 초등학교 3학년 무렵부터는 집 근처인 교방초등학교에 다니게 됐다.

교방초등학교에는 씨름부가 있었는데, 어느 날 아버지가 나를 씨름부에 데려가서 감독에게 씨름을 한번 가르쳐 보라고 하셨다. 나는 형보다 덩치가 컸고 살집이 있어 씨름을 하면 딱 좋겠다고 생각하신 모양이었다.

아버지의 권유대로 씨름을 시작했다. 나는 씨름부에 형은 야구부에 있다 보니 부모님 두 분 다 우리 형제를 지원하기에 바빴다. 어머니는 씨름하는 나를 위해 수시로 곰국을 끓여 가져다주시곤 했다. 운동하는 집안에서 부모님 한 분 정도는 전폭적으로 매달려서 자식 뒷바라지를 해야 한다지만, 우리집의 경우 아버지 어머니 양쪽에서 적극적으로 참여해 주신 덕에 학교에서는 두 분 모두 VIP 대접을 받았다. 우리 형제

야구에 처음 빠져든 건 내가 아닌 형이었다.
아버지가 일본 출장을 다녀오면서 사다 주신
야구 방망이와 글러브는 야구에 흥미를 느끼게 하기에
충분했다. 아버지는 여느 아버지들처럼 장난감으로
만들어진 야구 방망이와 글러브가 아니라 실제 경기가
가능한 야구 방망이와 글러브를 사다 주셨다.

가 운동을 시작한 후부터 아버지는 아버지 대로 어머니는 어머니 대로 학부모회장이나 총무를 도맡아 가면서 적극적으로 지원해준 덕이었다.

하지만 씨름부 생활을 1년 6개월 남짓 하는 동안 점점 고민이 커졌다. 처음 느꼈던 흥미가 점차 사라졌고 무엇보다 씨름부 내의 엄격한 규율과 강압적인 훈련 스타일이 나와는 맞지 않았다. 특히 씨름이 적성에 맞지 않는다는 생각이 강해지면서 훈련에 참여하는 게 꺼려졌다. 급기야 부모님께 폭탄선언을 하고 말았다.

"저 씨름 그만두고 야구하고 싶어요."

처음으로 부모님께 내 생각을 말씀드렸다. 초등학교 4학년 가을 무렵이었다.

아버지와 어머니는 애써 뒷바라지 해주신 것에 대해서 일언반구 하지 않으시고 내 결정을 존중해 주셨다.

"너거 형 있는 야구부에 니도 들어갈래?"

아버지의 반가운 제안에 나는 덥석 그러겠다고 대답했다. 그렇게 나는 처음 입학했던 양덕초등학교에 5학년이 되어 다시 전학을 가게 되었다.

나중에 들은 얘기로는 아버지, 어머니도 운동하는 두 아들이 기왕이면 같은 종목으로 운동하는 게 더 수월하겠다는 판단이 있었다고 한다. 그럼에도 나는 어린 나의 의견을 그대로 들어주시고 전학과 야구부 입단을 일사천리로 진행해 주신 두 분 덕분에, 야구 인생의 첫발을 내디딜 수 있었다는 걸 잊지 않고 있다.

  양덕초등학교 야구부에 들어가면서 나는 야구와 정식으로 만났다. 형은 이미 3학년 때 입단한 상태였는데, 나는 5학년 전학과 함께 야구부에 들어가게 된 것이었다. 집이 이사를 하면서 초등학교와 거리가 멀어진 탓에 아버지는 매일 형을 데려다주고 데리고 오는 생활을 반복하고 있었다. 거기에 나까지 더해져 아버지는 통학을 어머니는 음식과 훈련 뒷바라지를 해주시며 전 가족이 야구에 매달렸던 시절이었다.
  아버지가 이렇게까지 우리에게 많은 시간을 쏟아부을 수 있었던 건 조금은 자유로운 환경 덕분이 아니었나 한다. 할아버지가 마산에서 어장 객주로 꽤 많은 재산을 가지고 계셨고, 아버지도 본인 사업을 하면서 자유롭게 시간을 쓸 수 있는 환경이 주어졌기 때문이다.
  당시만 해도 초등학교 야구부는 훈련 강도가 만만치 않았다. 손에 물집이 잡히고, 공을 제대로 받지 못해 눈물이 맺히는 날도 많았다. 그런데도 이상하게 나는 그 자리가 좋았다. 야구를 잘해서라기보다는, 내게 주어진 자리를 묵묵히 지켜내고 싶었다.
  한 번은 포수 자리를 맡게 되었는데, 체격이 있어서 적합하다는 평가를 받았다. 포수는 팀의 사령탑 역할을 하는 중요한 포지션이었다. 투수와 호흡을 맞춰야 하고, 상황 판단이 빨라야 했다. 처음엔 어려웠지만, 점점 재미를 느끼기 시작했다.

아버지는 적극적으로 나와 형을 밀어주셨다. 하루도 빠지지 않고 학교에 데려다주시고, 훈련이 끝나면 집으로 데리고 오셨다. 장비도 좋은 것으로 마련해주시려 애쓰셨다. 어머니는 언제나 뒤에서 묵묵히 뒷바라지해주셨다. 도시락을 싸주시고, 빨래를 해주시고, 아프면 약을 챙겨주시며 내가 야구에만 집중할 수 있도록 도와주셨다.

중학교는 마산동중으로 진학했다. 형이 선택한 학교였기에 별다른 고민은 없었다. 그 길이 곧 내 길이라는 생각뿐이었다. 동중에서는 야구부 활동이 더욱 본격적이었다. 훈련량도 늘어났고, 경쟁도 치열해졌다.

중학교 시절에는 감독님이 특별히 신경을 써주셨다. 지금도 그 감독님과 연락을 주고받는다. 한 달에 한두 번은 만나서 맥주 한잔하며 옛이야기를 나눈다. 그분은 내게 야구 기술뿐만 아니라 인생의 철학도 가르쳐주셨다.

"승영아, 야구는 혼자 하는 운동이 아니다. 팀워크가 가장 중요하다."

"이기는 것보다 최선을 다하는 것이 더 중요하다."

그런 말씀들이 지금도 내 지도 철학의 바탕이 되고 있다.

고등학교는 형이 있던 마산고로 갔다. 야구부 생활로 치면 고등학교 시절이 가장 치열했다. 새벽 5시에 일어나 저녁 10시까지 훈련을 했다. 오전에는 수비 연습, 오후에는 타격과 주루, 저녁에는 체력 훈련과 웨이트 트레이닝. 일요일에만 쉴 수 있었는데, 그마저도 경기가 있으면 쉴 수 없었다.

그런 강행군 속에서도 나는 버텼다. 주장이라는 책임감도 있었고, 팀을 이끌어야 한다는 사명감도 있었다. 무엇보다 아버지와 어머니를 실망하게 하고 싶지 않았다. 집에서 늘 응원해주시는 부모님을 생각하면 힘이 났다.

화랑대기 우승은 잊을 수 없는 추억이다. 결승전에서 극적인 승리를 거둔 순간, 그라운드에서 동료들과 얼싸안고 울었다. 관중석에서 눈물을 흘리며 손뼉을 치시던 아버지와 어머니의 모습이 아직도 선하다.

부모님의 헌신적인 뒷바라지

어머니, 아버지는 초중고 그리고 대학교 때까지도 나와 형, 그리고 야구부원들의 뒷바라지를 하시느라 수시로 학교에 오셨다. 운동을 하는 두 아들과 야구부원들에게 줄 음식을 매일 같이 해나르기 바빴다. 곰탕이며 갈비찜, 삼계탕, 불고기, 제육볶음 등 고기반찬을 끊임없이 해주시면서 어느 순간 애들을 더 잘 먹이자며 갈빗집을 차리기도 하셨다.

하지만 경기가 잡힐 때면 수시로 우리를 따라 다녀야 했기에 갈빗집이 잘 될 리가 만무했다. 한동안 잘 되던 가게는 직원에게만 맡겨두다시피 하는 바람에 점점 매출이 줄었고 결국 문을 닫아야 하는 상황이 왔다. 그런데도 부모님은 형과 나의 뒷바라지를 멈추지 않으셨고, 운동하는 두 아들을 챙기느라 가세가 기우는 것에도 크게 개의치 않으셨다.

특히 어머니는 부원들 간식뿐만 아니라 코치, 감독의 간식이나 식사를 손수 챙기시면서도 관물함, 야구부원실 등의 청소를 다른 어머니들과 번갈아 해주셨다.

체벌이라고 하면 지금은 상상조차 할 수 없는 일이지만, 당시에 학교에서 특히 운동부에서는 체벌이 비일비재했다. 감독이나 코치가 선수들을 가르치면서 야구 방망이로 엉덩이를 치거나 운동장 뺑뺑이를 돌리는 일은 흔하디 흔한 일이었다.

당연히 나도 체벌의 대상이 되는 경우가 있었다. 수시로 야구부를 드나들던 어머니가 그 모습을 못 보셨을 리 없지만 한 번도 알은 체는 하지는 않으셨다.

어머니 말씀에 의하면, 중학교 시절 형이 감독에게 크게 혼이 나며 체벌을 받는 모습을 본 적이 있었다고 한다. 그 모습을 보는데 어찌나 눈물이 나는지 나무 뒤에 숨어서 눈물을 훔쳤다는 얘길 한참 시간이 지난 후에야 전해 들었다.

그때나 지금이나 운동선수의 어머니는 참고 기다리는 게 일이라는 점에서 유독 힘이 들 거란 생각이 든다.

아이들 일에 절대로 개입하지 않는다는 원칙을 가진 어머니가 야구부 일에 관여한 일이 딱 한 번 있다. 고등학교에서 야구를 하던 시절이었다.

하루는 야구부원들이 대거 이탈한 사건이 일어났다. 나와 형에게도 함께 나가자는 야구부원들의 권유가 있었지만, 무엇보다 나를 위해 그토록 희생하신 부모님의 얼굴이 떠올라 도저히 동기들을 따라나설 수 없었다. 아니나 다를까 상황을 알게 된 코치님이 노발대발하셨다. 도망간 선후배, 친구들이 모두 붙잡혀 왔다.

화가 머리끝까지 났던 코치님은 선수들을 모두 불러 세워 크게 혼을 내셨다. 엎드려뻗쳐를 하게 한 다음 야구 방망이로 엉덩이를 사정없이 내리친 것이다.

다른 어머니들과 함께 식사 준비를 하던 어머니가 우연히 그 모습을 보고는 가슴이 철렁했다고 한다.

'저러다 운동하는 애들이 다치기라도 하면 어쩔까.'

코치의 화가 지나쳐 아이들이 다칠 수도 있겠다고 판단하신 어머니는 덜컥 야구부원실 문을 열고 들어가서 애들부터 다그쳤다.

"아이고. 야들아 얼른 잘못했다고 말 안 하나. 얼른 말해라. 어서!"

어머니의 등장에 코치님의 화도 조금 누그러졌고, 야구부원들이 죄송하다는 말을 하면서 상황이 잘 마무리될 수 있었다.

코치의 체면은 세워주면서 동시에 아이들이 크게 다치지 않도록 지혜롭게 처신해주신 어머니 덕분에 나와 형 그리고 야구부원들 모두 일생일대의 위기를 모면할 수 있었다.

초중고 시절 야구를 하며 야구선수의 꿈을 꿨던 나는 대학에 들어가면서 큰 시련을 맞게 되었다. 경남대학교에 진학했지만, 공을 던질 때마다 불안감이 엄습했다. '이 길이 맞나?'라는 회의가 마음을 갉아먹었다. 선배들의 질책 한마디가 가슴에 박혀, 공 하나 던지는 것도 버거웠다.

대학교 2, 3학년 때가 가장 힘들었다. 기량이 늘지 않는 것 같았고, 앞날이 막막했다. 야구를 그만두고 싶다는 생각이 들 정도였다. 밤마다 혼자 고민하며 잠 못 이루는 날이 많았다.

그때 나를 붙잡아준 건 형이었다.

"끝까지 해라. 졸업은 해야지."

형의 그 말은 단순한 격려가 아니었다. 나를 지탱해주는 울타리였다.

형은 내가 힘들어할 때마다 위로해주었고, 시간이 날 때마다 내 이야기를 들어주었다.

  어머니는 내 속사정을 다 알지 못하셨지만, 늘 "잘될 거다, 걱정 마라" 하고 기도해주셨다. 교회에 가서도, 절에 가서도 내가 잘되기를 빌어주셨다고 나중에 들었다. 나는 그 믿음 덕분에 끝내 포기하지 않고 대학을 졸업할 수 있었다.

  졸업 후 자연스럽게 지도자의 길에 들어선 데에는 계기가 있었다. 나는 일찌감치 군대를 다녀온 형과 달리 스물여섯이 다 되어서야 군대에 갔다. 그 사이 초등학교 야구부 코치 생활을 하게 된 때문이었다. 초등학교 야구부 코치를 하면서 즐거웠던 기억은 제대를 한 후에도 잊히지 않았다. 남들보다 조금 늦은 나이인 스물여덟에 제대를 하고 다음 해에 졸업하면서 중학교, 고등학교 코치를 이어서 하게 것도 그런 이유에서였다.

  누군가는 프로시절 없이 지도자를 할 수 있느냐, 아쉽지 않느냐 묻기도 한다. 하지만 올해 야구 지도자 생활 30년, 전국대회 결승전도 가보고 우승, 준우승, 3위 등 전적이 쌓이다 보니 프로선수를 해보지 못한 아쉬움은 없다. 오히려 꽤 긴 세월을 지도자의 관점을 갖고 살아온 덕에 조직을 융합하고 이끌어가는 일에 대해서는 누구보다 자신이 있다.

어머니, 아버지는 초중고 그리고 대학교 때까지도 나와 형, 그리고 야구부원들의 뒷바라지를 하시느라 수시로 학교에 오셨다. 운동을 하는 두 아들과 야구부원들에게 줄 음식을 매일 같이 해나르기 바빴다. 곰탕이며 갈비찜, 삼계탕, 불고기, 제육볶음 등 고기반찬을 끊임없이 해주시면서 어느 순간 애들을 더 잘 먹이자며 갈빗집을 차리기도 하셨다.

마산고에서 수석코치 자리를 제안받았을 때, 나는 주저하지 않았다. 모교에서 후배들을 가르친다는 것은 영광이었다. 마고에서 10년을 보내며 나는 감독이라는 새로운 꿈을 마음속에 품었다.

선수 시절에는 오직 내 기록과 내 성과만을 바라봤다면, 코치로서는 제자들의 성장을 바라볼 수 있었다. 아이들이 한 발짝씩 성장하는 모습을 지켜보며 나는 비로소 야구의 또 다른 즐거움을 알게 되었다.

그 시절 나는 경기보다 훈련에서 더 많은 것을 느꼈다.

"코치님, 저 이제 조금 알 것 같아요."

땀범벅이 된 아이들의 눈빛에서 나는 과거의 나를 보았다. 못한다고 꾸짖기보다, 기다려주는 것이 더 큰 힘이 된다는 걸 배웠다. 마산고에서의 10년은 내게 단순한 경력이 아니라 지도자의 철학을 세워준 소중한 시간이었다.

물금고 야구부 창단과 도전

2014년, 나는 마산고에서 10년의 수석코치 생활을 마치고 새로운 길 앞에 서게 되었다. 40세가 되던 해였다. 사람들은 흔히 인생의 전환점이라고 하는데, 내게도 그런 시기가 찾아온 것이었다. 마산고에서의 10년은 소중했지만, 이제는 내 색깔을 가진 팀을 만들어보고 싶다는 욕망이 생겼다.

그런 나에게 양산에 새로 세워진 물금고등학교에서 야구부를 창단한다는 소식이 들려왔다.

'도전해 볼까?'

두려움이 없지는 않았다. 마산고는 이미 전통이 있는 학교였고, 나는 그 울타리 안에서 안전하게 코치 생활을 하고 있었다.

그럼에도 이제는 때가 됐다는 생각이 앞섰다. 아직은 이름 없는 학교, 아무도 관심 두지 않는 자리였지만, 그렇기에 오히려 도전할 가치가 있었다.

"나 혼자 가는 길이 아니라, 함께 만들어가는 길"이라는 생각에 설렘마저 느꼈다. 마산고에서는 이미 만들어진 시스템 속에서 일했다면, 물금고에서는 새로운 시스템을 만들어갈 수 있었다.

집에서 아내와 상의했다. 아내도 처음엔 걱정스러워했다. 더군다나 물금고로 옮기게 되면 자연스레 주말부부가 되어 두 아이를 아내 혼자 오롯이 책임져야 했다.

"여기서 안정적으로 하면 되는데, 굳이 모험을 해야 할까?"

하지만 내 결심을 보고는 지지해주었다.

"당신이 하고 싶다면 해봐요. 나도 믿어볼게요."

그 말이 큰 힘이 되었다.

2014년 10월, 나는 물금고등학교 야구부 초대 감독으로 부임했다. 예상했던 대로 야구부 전용 구장은 고사하고, 제대로 된 연습 공간도 없어서 지역 사회인 야구팀이 쓰는 훈련장을 빌려 써야 했다. 임시로 마련된 원룸에서 대강 짐을 부려놓고 업무를 시작했다.

선수들은 대부분 경남 지역에서 모여든 아이들이었지만, 아직 실력은 입증되지 않은 친구들이었다. 부산이나 창원의 전통 있는 학교들은 유망주들을 먼저 선점했고, 우리에게 남은 건 '가능성'이라는 막연한 희망뿐이었다.

"감독님, 우리 정말 할 수 있을까요?"

첫 훈련을 마친 후 한 선수가 조심스럽게 물었다. 그 아이의 눈에는 불안과 기대가 함께 섞여 있었다.

"할 수 있다. 아니, 반드시 해낼 거다."

나는 확신에 찬 목소리로 답했다. 그 순간 나 자신도 놀랐다. 어디서 그런 확신이 나왔는지 모르겠지만, 아이들 앞에서는 흔들리면 안 된다는 생각이 들었다.

물금고라는 이름조차 생소해서, 대회에 나가면 심판조차 "이 학교가 어디에 있는 학교냐?" 되물었다.

"물금고요? 어디 있는 학교예요?"

"양산에 있습니다. 신생 학교입니다."

"아, 그렇군요. 첫 번째로 나오는 건가요?"

그런 대화를 나누며 경기에 임해야 했다. 처음에는 섭섭하기도 했지만, 점차 그것도 하나의 동기가 되었다. 언젠가는 '물금고'라는 이름을 모두가 알게 만들겠다는 다짐으로 바뀌었다.

훈련 시설의 부족함을 메우기 위해 창의적인 방법들을 동원했다. 제대로 된 불펜이 없으면 학교 담벼락을 활용했고, 실내 연습장이 없으면 복도에서라도 스윙 연습을 했다. 부족한 장비는 예산이 잡히는 대로 하나씩 채워나갔다.

아이들은 순수했다. 그러나 순수하다고 해서 실력이 바로 따라오는 건 아니었다. 나는 하루하루 선수들을 데리고 기본기부터 다졌다.

"공부든 운동이든, 기초가 가장 중요하다."

아버지가 늘 하시던 말씀을 떠올리며, 투수에게는 공 하나를 끝까지 던지는 법을, 타자에게는 스윙 하나를 지독하게 반복하게 했다.

또 야구부 창단 초기에는 코치들과 선수들이 곧 가족이었다. 경험이 많은 코치진을 꾸리기 어려웠으므로, 대부분 젊은 코치들과 함께 시작해야 했다. 하지만 그들의 열정만큼은 누구에게도 지지 않았다.

야구장 옆에서 삼삼오오 모여 라면을 끓여 먹던 모습, 훈련을 마치고 서로의 어깨를 두드리며 "오늘은 조금 나아졌다" 웃던 모습이 아직도 생생하다. 그 시절 우리 팀에게는 화려한 장비도, 튼튼한 전통도 없었지만, 묘한 끈끈함이 있었다. 그것이 곧 물금고 야구부의 뿌리가 되었다.

그럼에도 첫해는 정말 힘들었다. 연습 경기를 해도 대부분 졌다. 아이들은 기가 죽어있었고, 나 역시 '내가 잘못된 선택을 한 게 아닐까' 하는 회의가 들었다. 그럴 때마다 어머니가 전화해서 말씀하셨다.

"승영아, 힘들제? 그래도 니는 잘할기다. 엄마가 기도하고 있으니까 걱정 마레이."

어머니의 그런 격려가 큰 위로가 되었다. 어머니는 내가 어떤 일을 하든 늘 믿어주셨다. 그 믿음이 있었기에 나도 포기하지 않을 수 있었다.

언론에서는 종종 우리를 '언더독'이라 불렀다. 역사도, 전통도 없는 신생팀이 감히 명문고들과 어깨를 나란히 하려 한다는 시선이었다. 나는 그 말이 싫지 않았다. 언더독이라 불리는 건 우리가 아직 도전할 기회가 있다는 뜻이있다. 그리고 언젠가 반드시 '물금고'라는 이름을 전국 무대에 새겨 넣겠다고 마음을 다잡았다.

선수 모집도 쉽지 않았다. 초창기에는 경남 지역 학생들이 대부분이었는데, 부모들도 반신반의했다.

"물금고라는 학교가 있기는 한 거예요? 야구부는 제대로 운영되는 거죠?"

그런 질문을 받을 때마다 마음이 아팠지만, 정성을 다해 설명했다. 우리의 비전과 계획을 말씀드리고, 아이들을 어떻게 키울 것인지 설명했다.

"아직은 부족하지만, 아이들과 함께 하나씩 만들어갈 겁니다. 좋은 시설이 좋은 선수를 만드는 건 아닙니다. 좋은 마음가짐과 올바른 훈련이 좋은 선수를 만듭니다."

시간이 지나면서 조금씩 성과가 나자 부산권에서도 지원하는 아이들이 생겼다.

"명문 학교가 아닌데 왜 그 학교에 가느냐?"는 말을 듣던 부모님들도 이제는 "물금고가 성장 가능성이 있다"라는 기대를 품게 되었다.

어느 날은 부산 개성고 동문이 이런 말을 했다는 소식을 들었다.
"우리는 역사도 오래됐는데 왜 신생 물금고가 더 잘하노?"

그 순간 나는 희열을 느꼈다. 지나가 버린 역사만큼은 따라잡을 수 없다 해도 열정만큼은 어느 학교 못지않게 불타오를 수 있다는 걸 증명했기 때문이었다.

창단 3년 차부터는 조금씩 결과가 나타나기 시작했다. 지역 대회에서 8강, 4강에 오르는 일이 생겼다. 아이들의 표정도 달라졌다. 처음엔 '우리가 정말 할 수 있을까' 하던 눈빛이 '우리도 할 수 있구나'로 바뀌었다.

그런 변화를 가장 기뻐한 건 어머니였다.

"승영아, 텔레비전에서 물금고 나오더라. 우리 아들이 있는 학교 나온다 캤다."

어머니는 경기가 있을 때마다 인터넷으로 중계를 보셨다. 기술이 익숙하지 않으신데도 손주에게 도움을 받아가며 시청하셨다. 이기면 전화를 걸어 축하해주시고, 지면 "고생했다, 다음에는 잘될 거야" 하며 위로해주셨다.

아이들과 함께 땀 흘리며, 나는 지도자로서의 철학을 조금씩 다듬어갔다.

"야구는 성적이 전부가 아니다. 사람을 키우는 일이다."

성적표는 잠시지만, 성장한 선수의 삶은 오래간다. 창단 멤버 아이들이 졸업하며 "감독님 덕분에 버틸 수 있었습니다"라는 말을 남겼을 때, 나는 이미 작은 우승을 한 것이나 다름없었다.

창단 5년이 지나면서 물금고는 서서히 지역 내에서 인정받기 시작했다. 양산시에서도 관심을 가져주었고, 학교에서도 야구부를 자랑스러워했다. 하지만 여전히 전국적으로는 무명의 팀이었다.

그러던 중 전환점이 찾아왔다. 좋은 선수들이 조금씩 들어오기 시작한 것이다. 물금고의 분위기와 시스템을 좋게 본 학부모들이 자녀를 보내기 시작했다. 특히 가족적인 분위기를 중요하게 생각하는 부모들이 많았다.

"큰 학교에서는 우리 아이가 묻힐 수 있지만, 물금고에서는 개인적인 관심을 받을 수 있을 것 같아요."

그런 신뢰가 쌓여가면서 팀의 전력도 조금씩 상향되었다.

물금고 창단은 내 인생의 두 번째 시작이었다. 선수 시절의 성적은 화려하지 않았지만, 지도자로서 나는 새로운 기록을 쓰고 싶었다. 작은 도시 양산에서, 아무도 주목하지 않던 학교에서, 우리는 땀으로 한 줄 한 줄 역사를 적어 나가고 있었다.

매일 저녁, 하루 훈련을 마치고 집으로 돌아가는 길에 나는 생각했다.

'오늘 하루도 아이들과 함께 한 걸음 나아갔구나.'

그 한 걸음 한 걸음이 모여 나중에 큰 도약으로 이어질 거라는 믿음을 가지고 있었다. 어머니가 늘 말씀하셨듯이, 묵묵히 최선을 다하면 결과는 따라오는 법이었다.

성장의 기록과 첫 전국 무대

성과가 보이기 시작했던 창단 7년 차 무렵, 주말리그에서 조금씩 승리를 쌓아가더니 준우승에 오르는 날도 있었다. 선수들이 "감독님, 이제 우리도 할 수 있네요" 하고 웃던 날을 잊을 수 없다. 작은 승리였지만, 창단 멤버와 함께했던 지난날을 떠올리면 눈물이 핑 돌았다.

그즈음 첫 번째 프로 진출자가 나왔다. 김영웅이었다. 그 아이는 처음부터 남다른 재능을 보였다. 하지만 재능만으로는 부족했다. 끊임없는 연습과 노력이 있었기에 가능했다.

"영웅아, 너는 프로에 갈 수 있다. 하지만 그러려면 지금보다 10배는 더 노력해야 한다."

나는 그 아이에게 특별히 엄격했다. 재능이 있는 만큼 더 많은 것을 요구했다. 다른 아이들이 100개 스윙할 때 그 아이는 200개를 시켰다. 힘들어하기도 했지만, 결국 따라왔다.

드래프트에서 영웅이의 이름이 불렸을 때, 나는 확신했다. 물금고 야구부는 이제 단순한 신생팀이 아니었다. 곧바로 어머니께 전화를 드렸다.

"엄마! 우리 제자가 프로에 갔어요."

어머니는 내 목소리를 듣고 얼마나 기뻐하셨던지, 전화 너머로 눈물 섞인 웃음소리가 들려왔다.

"아이고, 우리 아들이 정말 대단하구나. 그동안 얼마나 고생했는데. 이제 보람이 있겠네."

어머니의 그런 반응이 나를 더욱 뿌듯하게 만들었다.

이후 NC 다이노스에 투수 손주환이, 올해 2025년에는 롯데 자이언츠와 한화 이글스에 투수 남해담과 외야수 이재환이 각각 지명됐다. KBO 신인 드래프트에는 프로출신을 포함해 고교졸업예정자와 대학 졸업예정자 등 약 1300여 명이 참여해 이들 중 110명의 선수만 지명될 정도로 경쟁이 치열하다. 이토록 치열한 드래프트에서 네 명의 프로 선수를 배출한 것은 그 자체만으로도 충분히 자긍심을 가질만 한 일이라 할 수 있다.

사실 프로 선수 배출 외에도 전국 무대에서 물금고의 이름을 제대로 알린 대사건이 있었다. 2023년 청룡기 대회 결승 진출이었다. 아무도 예상하지 못했던 일이었다. 언론은 이를 두고 '언더독의 반란'이라 불렀다.

그럴 만도 한 것이 16강에서는 경남 지역 강호 마산고를 10점 차로 뒤집어 모두를 놀라게 했다. 특히 마산고는 2023년 황금사자기 우승팀 부산고를 꺾고 기세 좋게 올라온 참이어서 정말 아무도 예상치 못한 결과였다. 게다가 8강전에서 만난 충암고는 어떤가. 야구 명문고로 유명한 충암고에는 청소년 국가대표 선수가 3명이나 포진해 있던 상황이었다. 그런 충암고를 11대9로 역전승을 거두고 4강에 올랐다. 4강전에서는 경기상고를 상대로 7회에 7득점에 빅이닝을 만들며 13대5로 역전승을 거뒀으니, 드라마도 이런 드라마가 없었다.

사실 프로 선수 배출 외에도 전국 무대에서

물금고의 이름을 제대로 알린 대사건이 있었다.

2023년 청룡기 대회 결승 진출이었다.

아무도 예상하지 못했던 일이었다.

언론은 이를 두고 '언더독의 반란'이라 불렀다.

"질 때 지더라도 끝까지 해보자. 지는 게 무섭지 않다. 도망치는 게 무서운 거다. 우리가 여기까지 온 것만으로도 이미 성공이다. 이제는 즐기면서 하자."

그 말이 통했던 걸까. 선수들은 경기마다 기적 같은 집중력을 보여주었다. 특히 8강전에서의 극적인 역전승은 지금도 잊을 수 없다.

그렇게 4강전, 결승전으로 이어지는 동안 전국의 관심이 우리에게 쏠렸다. KNN 방송국이 취재를 나왔고, 각종 언론에서 물금고를 조명했다.

상대는 전통 강호, 30년 만에 우승을 노리는 경복고였다. 이승엽 선수를 배출한 고교야구에서 빼놓을 수 없는 학교인 경복고와 결승을 치르게 됐으니 아이들도 나도 흥분을 감출 수 없었다.

결과는 아쉽게 패배. 하지만 경기 내용 면에서는 절대 뒤지지 않았다. 초반 1, 2회에 4:1로 점수를 줬지만, 마지막까지 초반의 점수를 지키며 팽팽하게 맞섰다.

패배를 확인한 순간 몇몇 선수들은 눈물을 감추지 못했다. 그 모습을 보며 나는 오히려 마음이 고마웠다. 이 아이들이 이토록 진심으로 야구를 하고 있구나.

경기가 끝나고 아이들에게 말했다.

"야, 고개 들어라. 니네는 이미 우승한 거다. 전국에서 아무도 몰랐던 물금고가 여기까지 온 게 기적 아니냐. 니들이 오늘 양산의 자랑이 됐다."

그 말을 하면서 나 자신도 울컥했다.

결승전 당일, 양산에서 온 응원단의 규모에 놀랐다. 버스 열 대에 가까운 물금고 학생들과 선생님들이 와서 우리를 응원해주었다. 시장님과 교육청 관계자분들도 직접 오셔서 아이들을 격려해주셨다.

"물금고, 물금고!"

그 함성을 들으며 나는 깨달았다. 우리는 단순한 야구팀이 아니라 지역의 자부심이 되어가고 있었다.

패배의 아쉬움은 있었지만, 그보다는 뿌듯함이 더 컸다. 다시는 이런 기회가 오지 않을지도 모른다는 생각이 스쳤지만, 그건 기우였다. 뜻밖에도 기회는 더 빨리 찾아왔다.

2025년 5월 황금사자기 전국대회에서 또 다시 4강에 올라간 것이었다. 언론은 "물금고의 기적이 반복되고 있다"고 보도했다. 이제 우리는 더는 언더독이 아니었다. 경쟁팀들이 경계하는 '강팀'이 되어가고 있었다.

이 과정에서 아이들은 많이 변했다. 처음엔 "우리도 할 수 있나요?"라고 묻던 아이들이 이제는 "우리도 우승 한 번 해봐야죠"라고 말하기 시작했다. 그 변화가 지도자로서 가장 큰 보람이었다.

특히 결승 진출 소식이 알려지자, 양산 시민들의 반응이 뜨거웠다. 평소에 야구에 관심이 없던 분들도 "우리 동네 물금고가 전국 결승에 갔다더라" 하며 자랑스러워했다.

나는 결승전 패배의 아쉬움보다, 그 순간의 벅참이 더 오래 남았다. 언더독으로 불리던 우리 팀이 이제는 '만나고 싶지 않은 팀'으로 불리게 되었다. 선수 모집도 달라졌다.

과거에는 우리가 눈치 보며 선수들을 설득해야 했지만, 이제는 부산권에서도 "물금고에 가고 싶다"는 아이들이 생겨났다. 학부모들의 문의 전화도 이어졌다.

"감독님, 우리 아이도 물금고에서 뛸 수 있을까요?"

그런 질문을 받을 때마다 감개무량했다. 창단 초기의 고생이 주마등처럼 스쳐 지나갔다.

이 모든 과정이 내게는 또 하나의 깨달음을 주었다. 야구는 기록으로만 남는 게 아니다. 사람의 마음에 남는다. 결승에서 진 날, 울면서도 내 손을 꼭 잡던 아이들의 눈빛은 어떤 우승컵보다 값졌다.

지도 철학과 팀 문화

지도자가 된 이후, 나는 늘 한 가지 질문을 스스로에게 던졌다.

'어떻게 하면 아이들이 오래 야구를 사랑하게 만들 수 있을까.'

성적도 중요하다. 전국대회 결승에 오르는 기쁨은 잊을 수 없는 순간이다. 하지만 시간이 지날수록 나는 성적보다 더 큰 것을 바라게 되었다. 바로 사람을 키우는 일이다.

내가 선수였던 시절만 해도 야구 지도는 주입식이 많았다. "이렇게 해라, 저렇게 해라" 하며 일방적으로 가르치는 방식이었다. 감독과 코치의 말은 절대적이었고, 선수들은 무조건 따라야 했다. 체벌도 당연한 것으로 여겨졌다.

하지만 시대가 달라졌다. 아이들은 단순히 지시를 받는 기계가 아니다. 스스로 고민하고, 자기 답을 찾아야 성장한다. 그래서 나는 훈련장에서도 늘 이렇게 말한다.

"야, 네가 생각해봐라. 왜 이 공이 맞지 않았을까? 네 몸이 왜 흔들렸을까?"

처음엔 아이들이 당황한다. 감독님이 답을 알려주지 않고 자신에게 묻는 것이 낯설다. 하지만 조금씩 스스로 해답을 찾는 눈빛이 달라진다. 그것이 내가 원하는 훈련이다.

나는 선수들에게 '자율'을 강조한다. 고등학교 선수라면 이미 기본기는 갖추고 있어야 한다. 감독이 손끝까지 간섭한다고 해서 더 나아지는 건 아니다. 대신 스스로 책임지는 훈련 문화를 만들어야 한다.

예를 들어, 타격 훈련에서 내가 100개를 지시하는 것보다, 선수 스스로 "오늘은 150개를 치겠다" 하고 자기 목표를 세우는 게 훨씬 효과적이다. 그렇게 되면 같은 100개 스윙이라도 집중력이 완전히 다르다.

물론 자율에는 책임이 따른다. 나는 종종 아이들에게 이렇게 말한다. "너희는 이제 어린애가 아니다. 실수해도 좋다. 대신 변명하지 마라. 책임은 본인이 져야 한다."

이 말을 듣고 고개를 끄덕이는 순간, 그 아이는 이미 한 단계 성장한 것이다.

또 하나 중요하게 생각하는 건 조직력이다. 요즘 아이들은 개인 능력에만 집착하는 경우가 많다. 투수라면 무조건 150km를 던져야 한다는 생각, 타자라면 홈런만 보여주면 된다는 생각에 사로잡히기도 한다.

하지만 야구는 팀 스포츠다. 스트라이크를 못 던지는 150km는 의미가 없다. 홈런 한 방이 아니라, 번트 하나, 주루플레이 하나가 승부를 가른다. 나는 늘 아이들에게 "우리는 팀으로 움직여야 한다"고 강조한다.

"홈런을 치려고 하지 마라. 주자를 홈으로 보내는 것이 목적이다. 홈런을 치면 좋지만, 적시타 하나가 더 가치 있을 때가 많다."

"150km에 집착하지 마라. 130km라도 정확하게 스트라이크 존에 던질 수 있다면 그게 더 좋은 투수다."

이런 말을 하면 처음엔 아이들이 시무룩해 한다. 화려한 개인 기록을 원하는 게 당연하니까. 하지만 시간이 지나면서 팀플레이의 중요성을 깨닫게 된다.

이 철학은 단순히 내 고집에서 나온 게 아니다. 프로야구를 지켜보면서, 아마추어와의 차이를 연구하면서 체득한 것이다. 삼성 라이온즈에 입단한 제자 김영웅의 경기를 보면서도 많은 걸 배운다. 프로 무대에서 선수들이 보여주는 체계적인 몸 관리, 상황에 맞는 플레이는 지도자인 나에게도 공부가 된다.

그래서 나는 여전히 프로 경기를 꼼꼼히 보며, '아이들에게 어떤 점을 가져올 수 있을까?' 고민한다. 요즘은 유튜브나 각종 매체를 통해 프로선수들의 훈련 방법이나 철학을 배울 수 있어서 더욱 도움이 된다.

팀 문화도 남다르다. 물금고는 신생팀으로 출발했기 때문에, 자연스럽게 '가족 같은 분위기'가 자리 잡았다. 전통 있는 학교들처럼 선후배 서열이 엄격하지 않다. 물론 예의는 지켜야 하지만, 과도한 군기는 없다.

선수들이 서로를 형·동생처럼 생각하고, 훈련이 끝나면 함께 밥을 먹고, 졸업한 선배들이 다시 찾아와 후배들에게 조언을 건넨다. 나는 이런 모습을 볼 때 가장 뿌듯하다. 학교의 역사 대신, 우리가 쌓은 관계의 역사가 팀의 힘이 된다.

특히 코치진과의 관계를 중요하게 생각한다. 나는 감독이지만 모든 걸 혼자 할 수는 없다. 코치들이 선수들과 가장 가까이에서 소통하기 때문에, 그들의 의견을 존중한다.

우리 팀의 수석코치는 창단 때부터 함께한 동료다. 서로의 성향을 잘 알고 있어서 절묘한 호흡을 보여준다. 내가 엄할 때 그는 부드럽게, 그가 강하게 나갈 때 나는 한 발 뒤에서 조율한다.

"코치님, 오늘 OO 상태가 어때 보였어요?"

"조금 무리한 것 같았습니다. 어제 늦게까지 개인 연습을 했다고 하더라고요."

"그럼 오늘은 가볍게 하도록 하죠."

이런 대화가 자연스럽게 오간다. 서로를 신뢰하기 때문에 가능한 일이다.

언론에서도 종종 이런 평가가 나온다.

"물금고 야구부는 성적만을 쫓는 팀이 아니다. 사람을 남기는 팀이다."

그 말이 내 철학을 잘 대변해준다. 나는 선수들에게 단 한 명도 '실패자'라는 꼬리를 달고 싶지 않다. 프로에 가든, 대학에 가든, 아니면 다른 길을 택하든, "야구를 하길 잘했다"는 마음을 남기고 떠나게 하고 싶다.

내 철학은 결국 사람을 키우는 야구다. 성적은 언젠가 잊히지만, 사람은 남는다. 내가 지도자로 있는 한, 물금고 야구부는 기록보다 사람을 더 소중히 여기는 팀일 것이다.

졸업생들이 찾아와서 하는 말들이 그 증거다.

"감독님, 저 회사 다니면서도 야구부 할 때 배운 게 정말 도움이 많이 돼요. 끝까지 포기하지 않는 것, 팀워크의 중요성, 이런 걸 배웠거든요."

그런 말을 들을 때마다 내가 추구하는 야구가 맞다는 확신이 든다. 야구를 통해 인생을 배우고, 그 배움이 사회에서도 통하는 것. 이것이 야말로 진짜 교육이 아닐까.

세대를 잇는 야구 이야기

야구는 이제 내 인생에서 개인의 영역을 넘어 가족사가 되었다. 아버지에서 시작된 운동 유전자가 나와 형을 거쳐, 이제는 우리 아이들 세대까지 이어지고 있다. 그 과정에서 어머니는 늘 든든한 뒷받침이 되어 주셨다.

아버지는 2005년에 갑작스럽게 세상을 떠나셨다. 심근경색이었다. 전날 저녁까지도 건강하셨는데, 새벽에 화장실에 다녀오시고는 TV를 켜놓은 채 주무시듯 쓰러져 계시다가 돌아가셨다. 불과 59세의 이른 나이였다.

마침 나는 시합 때문에 서울로 가야 하는 일정이 있어 임신 8개월 차 아내와 본가에 있었다. 하루 자고 아내는 본가에서 나는 다음날 새벽 일찍 서울로 갈 참이었는데, 아버지의 죽음을 마주해야 했던 것이었다.

아버지의 마지막 부름이었을까. 뱃속에 있는 손주를 그렇게라도 보고 싶으셨던 것일까. 아버지의 죽음은 내게 오랫동안 여운을 남겼다.

갑작스러운 아버지의 부고는 우리 가족에게 큰 충격이었다. 특히 어머니는 오랫동안 마음의 상처를 안고 사셨을 것이다. 30년 가까이 함께 살아온 반려자를 잃은 슬픔이 얼마나 클지 짐작조차 어려웠다.

하지만 어머니는 슬픔 속에서도 강인함을 보여주셨다. 두 아들과 며느리들, 그리고 곧 태어날 손주들을 위해 마음을 다잡으셨다.

"아버지가 못 본 손주들을 내가 대신 봐야지."

첫 손주를 유모차에 태워 골목을 누비고 싶다던 아버지를 대신해 손주들을 돌봐주겠다는 어머니의 다짐이 우리 가족을 다시 일으켜 세우는 힘이 되었다.

첫 번째 손주는 아들 채운이었다. 아버지가 돌아가신 지 불과 두 달 만에 채운이가 태어났다. 어머니는 아이를 보시면서 자주 말씀하셨다.

"아버지가 야만 보고 갔데도 얼마나 좋아했을까."

그 말씀을 들을 때마다 가슴이 아팠다. 아버지가 손주를 안아보지 못하고 가신 것이 가장 안타까웠다.

세월이 흘러 아버지의 손주가 야구를 시작했다. 처음에는 내가 권한 것이 아니었다. 오히려 운동보다는 평범한 학생으로 자라길 바랐다. 운동의 힘든 길을 너무 잘 알고 있었기 때문이다.

하지만 아이는 자연스럽게 야구에 끌렸다. 집에 있는 글러브를 가지고 놀더니, 점점 본격적으로 하고 싶어 했다. 다른 애들 야구를 가르치느라 주말에 캐치볼 한 번 해준 적 없는데도 아이는 곧잘 야구를 하며 시간을 보냈던 모양이다. 초등학교 5학년 때 같은 아파트에 살던 대학 야구부 코치님이 아이의 이런 모습을 보고 내게 권했다.

"승영이, 네 아들 야구 해볼 생각 없어? 체격도 좋고, 야구에 소질이 있는 것 같은데."

나는 망설였다. 내가 걸어온 길의 어려움을 아는 터라 선뜻 권하기 어려웠다. 하지만 아이가 정말 하고 싶어 했다.

"아빠, 나도 야구 해보고 싶어요."

결국, 아이의 뜻에 따라 야구를 시작했다. 그것도 야구부가 있는 내 모교 양덕초등학교에서, 나와 똑같은 5학년 때 전학을 하면서다.

아내는 아이를 헌신적으로 뒷바라지 해주었다. 새벽 훈련에 데려다

주고, 저녁에 데리러 오고, 주말에는 경기장을 따라다니며 응원했다. 마치 어머니가 나를 위해 해주셨던 것처럼.

"당신이 야구할 때 어머니가 얼마나 고생하셨는지 이제야 알겠어요."

아내의 그 말에 나는 새삼 어머니의 헌신을 되돌아보게 되었다.

사실 2023년 청룡기대회에서 물금고의 이변과 더불어 숨은 이야기가 있다. 물금고가 8강에 진출하는 동안 아들이 주전 투수로 있던 용마고 역시 8강에 진출한 것이다. 이전에도 감독과 상대 팀 투수로 만난 적은 있지만 어쩌면 결승전에서 만날 수 있을지 모른다는 기대감에 가족 모두 흥분했다.

언론에서도 주목했다. '부자간 맞대결 과연 성사될까'라는 제목으로 채운이를 인터뷰한 기사를 함께 보며 즐거워했다.

나와 아들까지 야구의 세계로 이끌어준 아버지가 다시 한 번 생각나는 순간이었다. 어머니는 그 기사를 스크랩해두셨다.

"할아버지가 보시면 얼마나 좋아하셨을까."

어머니의 그 말씀에 나는 또다시 아버지 생각이 났다. 내심 경기를 보고 싶으셨을텐데도 조금이라도 부담을 줄까 중요한 경기에는 멀리서만 지켜봐 주신 아버지. 아버지 덕에 형과 나에 이어 손주 세대까지 3대에 걸쳐 야구 이야기가 이어졌다.

아내에게 물어봤다.

언론에서도 주목했다.

'부자간 맞대결 과연 성사될까'라는 제목으로

채운이를 인터뷰한 기사를 함께 보며 즐거워했다.

나와 아들까지 야구의 세계로 이끌어준 아버지가

다시 한 번 생각나는 순간이었다.

"당신은 누구 응원할 거고?"

아내가 웃으며 답했다.

"당연히 아들이지. 당신은 이미 충분히 많이 이겼잖아."

그 말에 나도 웃음이 나왔다.

아쉽게도 아들을 결승전에서 만나지는 못했다. 하지만 고3이었던 아들의 마지막 고교야구대회에서 감독인 나와 결승전에서 만날 수 있을지 모른다는 기대감과 흥분을 가졌던 것만으로도 2023년은 충분히 행복했다.

어머니는 이제 손주의 경기를 챙겨 보시며 기도하신다.

"하나님, 부처님, 제발 한 번만 살려주이소."

세대를 넘어 이어지는 이 이야기를 돌아보며 나는 깨닫는다. 야구는 결국 사람을 남긴다. 아버지가 심어주신 열정, 어머니가 보여주신 용기, 아내가 지켜준 믿음, 아들이 이어가는 꿈, 그리고 손주 세대로 물려줄 희망.

그것이야말로 내가 살아온 인생의 가장 큰 성적표다.

어머니께 드리는 편지

사랑하는 어머니

이 글을 쓰면서 지난 50여 년의 세월이 주마등처럼 스쳐 지나갑니다. 마산 바닷바람이 거칠게 불던 그 시절부터 지금까지, 어머니는 언제나 저희 형제의 든든한 뒷받침이 되어 주셨습니다.

어머니, 기억하시나요? 초등학교 때 제가 씨름을 그만두고 야구를 하겠다고 했을 때, 한마디 불평 없이 저의 선택을 믿어주셨던 일을요. 그때 부모님께서 보여주신 믿음이 제 인생의 방향을 결정했습니다.

특히 어머니가 운동하는 저희 두 아들을 위해 무슨 일이든 마다하지 않으셨던 모습이 기억납니다. 관물함과 야구부원실 청소부터 코치, 감독님들의 식사까지 모든 것을 손수 챙기셨죠. 그런 어머니의 헌신적인 뒷바라지 덕분에 저희가 야구에만 집중할 수 있었습니다.

또 아버지가 갑작스럽게 세상을 떠나셨을 때의 충격은 어떠했을지 그때의 슬픔을 생각하면 지금도 가슴이 아픕니다. 하지만 그 슬픔 속에서도 두 아들과 며느리들, 그리고 손주들을 위해 마음을 다잡으신 어머니. 그 강인함이 우리 가족을 다시 일으켜 세우는 힘이 되었습니다.

물금고에서 언더독으로 시작해 전국 무대에 서기까지, 힘들 때마다 "승영아, 힘들제? 그래도 니는 잘할기다. 엄마가 기도하고 있으니까 걱정 마레이"라고 전화해주셨던 어머니의 목소리가 큰 응원이 되었습니다. 어머니의 그 변함없는 믿음이 있었기에 30년간 지도자의 길을 포기하지 않고 걸어올 수 있었습니다.

이제 손주까지 야구를 하며 3대에 걸친 야구 이야기가 이어지고 있습니다. 손주의 경기를 챙겨 보시며 "하나님, 부처님, 제발 한 번만 살려주이소"라고 기도하시는 어머니를 보면, 세월이 흘러도 변하지 않는 어머니의 사랑을 느낍니다.

어머니, 저는 어머니가 보여주신 그 모든 것들을 제자들에게도 전하려 노력하고 있습니다. 성적보다 사람을 키우는 것이 중요하다는 것, 끝까지 포기하지 않는 것의 가치, 그리고 무엇보다 가족 같은 따뜻함이 얼마나 소중한지를. 물금고 야구부가 '사람을 남기는 팀'이라는 평가를 받는 것도 모두 어머니께서 몸소 보여주신 교육 덕분입니다.

이제 팔십을 넘기신 어머니, 건강하게 오래오래 저희 곁에 계셔 주세요. 아직도 손주들이 야구를 하고 있고, 어머니의 응원과 기도가 필요합니다. 그리고 앞으로도 계속 저의 인생 선생님이 되어주세요.

마산 바닷바람 속에서 시작된 저희의 야구 이야기가 손주 세대까지 이어질 수 있는 것은 모두 어머니의 사랑과 희생 덕분입니다. 이 모든 감사함을 어떻게 다 표현할 수 있을까요.

　　　　　어머니, 정말 고맙습니다. 그리고 사랑합니다.

　　　　　　　　　　　　　　　　　　　- 30년 지도자 생활을 돌아보며
　　　　　　　　　　　　　　　　　　　　　　둘째 아들 강승영 드림

따숨을 소개합니다

따숨과 뜨신편지

    따숨은 '따뜻한 마음을 가진 사람들이 모인 봉사회'라는 뜻으로, 2022년 1월에 창립되었습니다. 이름처럼 우리는 "누구나 마음속에 따뜻한 숨을 품고 있으며, 그 숨결로 다른 이에게 행복을 선물 할 수 있다"는 믿음으로 활동하고 있습니다. 작은 마음을 모아 서로에게 건네는 따뜻한 손길, 그것이 바로 따숨의 시작이자 존재 이유입니다.

뜨신 편지의 시작

    오늘날 우리는 언제든지 SNS로 연결될 수 있는 시대에 살고 있지만, 정작 깊은 속마음을 털어놓기는 점점 더 어려워지고 있습니다. 특히 코로나19 팬데믹 이후, 이웃과의 거리는 멀어지고 사회적 불안은 깊어졌습니다. 바로 그때, 누군가 내 이야기를 들어주고 "괜찮다"는 말을 건네준다면 그것만으로도 큰 위로가 될 수 있습니다.

    그런 마음에서 태어난 것이 '뜨신편지' 우편함입니다. 익명으로 사연을 적어 '뜨신 우체통'에 넣으면, 따숨 봉사자들이 위로와 공감을 담아 정성 어린 손편지로 답장을 드립니다. 학업과 진로, 취업, 인간관계, 가족 문제, 그리고 우울과 불안까지… 다양한 사연들이 우체통에 도착합니다. 우리는 그 사연 하나하나에 귀 기울이며, 따뜻한 숨을 불어 넣습니다.

마음을 잇는 편지

'뜨신편지'는 단순한 편지가 아니라, 사람과 사람의 마음을 이어주는 편지입니다. 지금까지 500통이 넘는 고민이 접수되었고, 봉사자들의 손끝에서 정성 어린 답장이 보내졌습니다. 따숨의 봉사자들은 단순한 자원봉사자가 아니라, 사람들의 지친 마음을 어루만지는 따뜻한 치유사들입니다. 현재 경남 곳곳에는 14개의 뜨신 우체통이 설치되어 있습니다.

뜨신 우체통 설치 장소

1호 창원시청 앞 다옴카페 2층
2호 창원 컨벤션센터 1층 북카페
3호 마산 야구장 스타벅스 NC파크점
4호 대한적십자 경남지사 1층
5호 진해 보타닉뮤지엄
6호 마산 애육원
7호 진해 기적의 도서관
8호 부산 광안더힐 요양병원

9호   경남도립미술관
10호   창원 꿈사랑학교
11호   창원 한마음병원
12호   마산 3.15 아트센터
13호   진해 청소년수련관
14호   창원대학교 COSS센터 1층

편지 답장 봉사자들

이 활동에는 한국여성리더연구소의 리더들을 비롯해, 적십자 심리 구호 전문 상담가, 시인과 언론인, 교수와 스님, 그리고 치유의 글쓰기 작가 팀, 경남 ICT 협회 독서 모임 대표님들, 대학생과 시민 봉사자 150여 명이 함께하고 있습니다. 이들은 각자의 자리에서 한 사람 한 사람의 이야기에 귀 기울이며, 정성 가득한 손 편지로 마음의 온기를 나눕니다. 우리의 작은 편지 한 장이 누군가에겐 삶을 버티게 하는 힘이 되고, 다시 희망을 품게 하는 불씨가 된다는 믿음으로, 봉사자들은 오늘도 책상 앞에 앉아 마음을 전합니다.

다양한 봉사 활동

따숨의 '찾아가는 뜨신 우체통'은 사회의 소외된 계층을 직접 찾아가 그들의 사연을 듣고 손 편지로 답장을 전하는 봉사 활동입니다. 또한 대한적십자와 협력하여 보호관찰 청소년들과 함께하는 멘토링 빵 만들기 봉사, 시각 장애인 어르신들을 위한 손 편지 봉사, 농촌 일

손 돕기 봉사 등도 진행하고 있습니다.

정기 후원자와 봉사자 모집

우리는 이제 더 큰 나비효과를 꿈꿉니다. 따숨의 작은 날갯짓이 사랑과 봉사를 실천하여
더 많은 사람에게 선한 영향력을 미치기를 바랍니다.
함께 나눌 수 있는 따뜻한 마음을 가진 분들의 많은 참여를 기다립니다.

후원 및 참여 안내홈페이지 www.warmletter.kr
인스타그램 @warmletter_
이메일 pon0819@daum.net
연락처 010-4177-7133
후원계좌 경남 207-0146-0079-08 (예금주: 따숨)

리더를 키운
어머니
세상을 키우다

초판 1쇄 펴낸날　　2025년 10월 23일

저자　　강원석, 김영미, 정창훈, 오양환, 제순효, 강승영

기획　　윤금서
엮음　　따숨
홍보　　따숨

펴낸이　　손상민
디자인　　유주
펴낸곳　　나무와바다
주소　　창원시 성산구 비음로 50-1
홈페이지　　www.indiwriting.com
블로그　　blog.naver.com/mangocompany
이메일　　sson4@naver.com

ISBN　　979-11-977237-5-9

이 책은 저작권법에 따라 보호받는 저작물이므로 무단전재와 복제를 금합니다.
책값은 뒤표지에 있습니다. 잘못된 책은 바꾸어 드립니다.

이 도서는 창원시에서 후원하는 **2025년 양성평등기금사업**의 일환으로 제작되었습니다.